KiWi
Paperback

KiWi
776

Über das Buch:

Der amerikanische Angriff auf den Irak hat eine lange Vorgeschichte – der deutsche UNO-Diplomat Hans von Sponeck spricht von einer »Achse der Falschinformation«. Stichhaltige Beweise für die angeblich vom Irak ausgehende Gefahr oder glaubwürdige Gründe für einen Krieg, der Zehntausende von zivilen Opfern fordert und eine ganze Region destabilisiert, hat die US-Regierung nie vorgelegt. Stattdessen wird mit Hilfe der Medien ein »Psychokrieg« geführt und mit einer Vielzahl von Manipulationen der Militärschlag vorbereitet, der schon lange vor dem 11. September 2001 beschlossene Sache war. Der Sicherheitsrat der Vereinten Nationen hat dabei eine beklagenswerte Rolle gespielt – angefangen bei der gescheiterten, aber bis zuletzt beibehaltenen Sanktionspolitik gegen den Irak. Von Sponeck ist im Jahr 2000 von seinem Posten als Leiter des humanitären Programms der UNO in Bagdad zurückgetreten, weil er den Völkerrechtsbruch durch die UN-Sanktionen nicht länger mittragen wollte. Im Gespräch mit Andreas Zumach kann er im Detail belegen, wie in der Irak-Politik mit »organisierten Lügen« gearbeitet wurde – und wie der UNO-Sicherheitsrat durch Vernachlässigung seiner Aufsichtspflicht zunehmend für die menschliche Katastrophe im Irak verantwortlich wurde. Auch die europäische und deutsche Außenpolitik hat dabei versagt.

Über die Autoren:

Hans Graf von Sponeck stand mehr als dreißig Jahre in den Diensten der UNO und leitete ab 1998 das Programm »Öl für Nahrungsmittel« im Irak. Weil er die Aushungerung und Verelendung der Zivilbevölkerung nicht länger mittragen wollte, trat von Sponeck, zuletzt im Range eines Beigeordneten UN-Generalsekretärs, im Februar 2000 von seinem Posten zurück.

Andreas Zumach ist internationaler Korrespondent der Berliner »tageszeitung« und weiterer Zeitungen und Rundfunksender bei der UNO in Genf. Er verfolgt die Entwicklung des Völkerrechts und der internationalen Organisationen einschließlich der Konflikte in der Golfregion seit mehr als fünfzehn Jahren. 1997 erschien sein Buch »Vereinte Nationen«.

Hans von Sponeck
Andreas Zumach

Irak – Chronik eines gewollten Krieges

Wie die Weltöffentlichkeit manipuliert und das Völkerrecht gebrochen wird

Kiepenheuer & Witsch

3. Auflage 2003

Karte: Wieslaw Prus
Umschlaggestaltung: Barbara Thoben, Köln
Umschlagfoto: © dpa
Satz: Kalle Giese, Overath
Druck und Bindearbeiten: Clausen & Bosse, Leck
ISBN 3-462-03255-0

Inhalt

Einleitung 11

Chronik eines gewollten Krieges
– Hans von Sponeck im Gespräch mit Andreas
Zumach 23

Öl, Krieg und Völkerrecht – eine kurze Geschichte
des Irak-Konflikts 107

Anhang

UN-Resolution 687 vom 3. April 1991........... 118
UN-Resolution 1284 vom 17. Dezember 1999 .. 133
UN-Resolution 1441 vom 8. November 2002 ... 146

TÜRKEI
ZYPERN
MITTELMEER
SYRIEN
IRAK
Bagdad
Flugverbots-
zonen
LIBANON
PALÄSTINA
ISRAEL
JORDANIEN
IRAN
ZENTRALASIEN
KUWEIT
BAHREIN
KATAR
NORDAFRIKA
ROTES MEER
SAUDI-ARABIEN
VEREINIGTE
ARABISCHE
EMIRATE
OMAN
JEMEN
INDISCHER OZEAN

Amerikaner tun am Ende immer das Richtige – nachdem sie zuvor alle Alternativen ausprobiert haben.

Winston Churchill

Wir werden das Ölgeschäft in die Hand nehmen. Wir werden dafür sorgen, dass es gut läuft. Wir werden Geld machen. Und das wird helfen, den Irak wieder aufzubauen. Denn dort gibt es Geld.

Richard Lugar bei der Irak-Anhörung vor dem auswärtigen Ausschuss des Senats am 31.7./1.8.2002. Der republikanische Senator war damals stellvertretender Vorsitzender und ist heute Vorsitzender des Ausschusses.

Der Schutz der Ölversorgung aus dem Nahen Osten zählt fraglos zu unseren vitalen Interessen. Und zur Verteidigung dieser vitalen Interessen werden wir alle geeigneten Maßnahmen ergreifen – einschließlich militärischer Einsätze.

Harald Brown, US-Verteidigungsminister unter Präsident Carter, 1979

Wir haben eine Organisation geschaffen, die die Mäuse unter Kontrolle halten wird. Aber die Tiger laufen noch immer frei herum.

Mexikanischer Delegierter bei der Gründungsversammlung der UNO 1945 in San Francisco

Einleitung

Tobt bereits der Krieg am Golf? Ist er vielleicht sogar schon vorbei? Wurde der Angriff erst einmal auf den Herbst verschoben? Oder hat sich der Krieg erübrigt, weil Saddam Hussein inzwischen gestürzt ist, tot oder im Exil?
Bei Redaktionsschluss dieses Buches am 21. Januar 2003 war keines dieser Szenarien mit Sicherheit auszuschließen. Die Nachrichten dieses Tages lieferten Stoff für Hoffnungen und Illusionen, Befürchtungen und Spekulationen in alle möglichen Richtungen: Mit Edward Kennedy wagte, ermutigt durch die großen Demonstrationen der US-Friedensbewegung in den Tagen zuvor, erstmals ein Mitglied des US-Senats eine öffentliche Stellungnahme gegen die Kriegspläne der Bush-Administration. Bundeskanzler Schröder schloss auf einer Wahlkampfveranstaltung in Goslar nach monatelangem Schlingerkurs der rot-grünen Koalition erstmals ein »Ja« Deutschlands im UNO-Sicherheitsrat zu einer Kriegsermächtigungsresolution aus. Davon völlig unbeeindruckt bekräftigte Präsident Bush die Bereitschaft seiner Regierung, den Krieg gegen Bagdad auch ohne UNO-Mandat und mit einer »Koalition der willigen Nationen« zu führen. Großbritannien verlegte weitere Truppen in die Golfregion. Nach – offiziell natürlich nirgendwo bestätigten – Informationen aus Bagdad bemühte sich der stellvertretende russische Außenminister Saltanow bei seinem Besuch in der irakischen Hauptstadt, Saddam Hussein zum Machtverzicht zu bewegen, um einen Krieg doch noch abzuwenden.
Was auch immer die Realität sein wird, wenn Sie diese Zeilen lesen – eines lässt sich mit Sicherheit feststellen: Selten zuvor ist ein Krieg so intensiv gewollt und so langfristig und zielstrebig vorbereitet worden wie der dritte Golfkrieg.

Selten wurde bereits in der Vorphase eines heißen Krieges das Völkerrecht so häufig und skrupellos gebrochen und wurde die Weltöffentlichkeit so intensiv – und leider weitgehend erfolgreich – manipuliert. Und selten wurde der Feind im Vorfeld eines Krieges so wirkungsvoll und nachhaltig dämonisiert wie Saddam Hussein, wurde die internationale Mitverantwortung für die Verbrechen des Feindes und für das Problem, das jetzt durch einen Krieg »gelöst« werden soll, so tief verdrängt.

Die Dämonisierung und die Verdrängung begannen bereits mit dem letzten Golfkrieg. Präsident George Bush sen. verglich Saddam Hussein mit Adolf Hitler. Auch der deutsche Linksintellektuelle Hans-Magnus Enzensberger malte den Diktator vom Tigris als »Hitlers Wiedergänger«. Richtig ist: Saddam Hussein ist ein blutrünstiger Diktator und verantwortlich für die fürchterlichsten Menschenrechtsverletzungen, die unter internationalen Normen definiert sind. Ob sein Regime nun das schlimmste auf Erden ist, wie in den letzten Monaten manche behaupten, die auf Krieg drängen, oder »nur« eines der schlimmsten, ist müßig und wahrscheinlich auch kaum zu verifizieren. Entscheidend ist: Saddam Husseins Charakter und seine Greueltaten waren nie ein Geheimnis. Seit seinem Aufstieg zur Macht in Bagdad konnte und musste jeder, der ihn politisch unterstützte, mit ihm Geschäfte machte oder ihm Waffen verkaufte, genau wissen, mit wem er zu tun hatte. Und besonders enge Kontakte und Beziehungen hatte Saddam Hussein seit Mitte der 60er Jahre zu Geheimdienstlern, Politikern, Diplomaten und Militärs aus den USA.
Als sich Saddam Hussein 1979 mit kräftiger Unterstützung der CIA an die Spitze des Regimes geputscht hatte, kabelte der Stationschef des Geheimdienstes in der Bagdader US-Botschaft diese Erfolgsmeldung an die CIA-Zentrale in Langley, Virginia: »Ich weiß, Saddam Hussein ist ein

Hundesohn, aber er ist unser Hundesohn.« Zbigniew Brzezinski, der bis heute in Washington sehr einflussreiche Sicherheitsberater von Präsident Jimmy Carter (1976-1980), nahm die Formulierung vom »Hundesohn Hussein« ausdrücklich auf, als er Carter nach dem Sturz des Schah von Iran durch schiitische Ayatollahs dringend die Annäherung an Saddam Husseins Irak empfahl. Robert Gates, Direktor des Geheimdienstes CIA ab 1991, erklärte nach seiner Pensionierung in einem Fernsehinterview, Washington habe »nie irgendwelche Illusionen über Saddam Hussein gehabt«. Der Mann sei »kein Demokrat, kein Agrarreformer, sondern ein ganz gemeiner Verbrecher«. Gates muss es wissen. Als CIA-Agent und Protegé seines Vorgängers auf dem Direktorenstuhl, William Casey, sorgte Gates in den frühen 80er Jahren dafür, dass Saddam Hussein die Technologie zur Herstellung der gefürchteten Streubomben erhielt. Im ersten Golfkrieg (1980-1988) setzten Saddams Generäle diese Streubomben dann gegen die zahlenmäßig überlegenen iranischen Truppen ein – mit verheerender Wirkung.

Detaillierte Berichte über die schweren Menschenrechtsverletzungen unter dem Regime von Saddam Hussein werden von Amnesty International (AI) seit Anfang der 80er Jahre veröffentlicht. Doch damals stieß AI mit diesen Berichten bei den Regierungen, die heute auch die Menschenrechtsverletzungen als Begründung für einen Krieg gegen Irak anführen, auf taube Ohren. Als die britische Regierung Saddam Hussein in einem Anfang Dezember 2002 veröffentlichten Bericht »systematischen Terror« gegen das irakische Volk vorwarf, kritisierte Amnesty International den Zeitpunkt der Veröffentlichung und hielt der Regierung Blair vor, das Thema Menschenrechte zur Propaganda für einen Krieg gegen Irak zu missbrauchen. »Diese selektive Aufmerksamkeit für Menschenrechtsverstöße im Irak ist nichts weiter als eine kalte und kalkulierte

Manipulation der Arbeit von Menschenrechtsaktivisten«, erklärte die Generalsekretärin der Londoner AI-Zentrale, Irene Khan.

In den 80er Jahren war Saddam Hussein engster Verbündeter des Westens und der Sowjetunion im Mittleren Osten. Kritik an seinen schweren Menschenrechtsverletzungen hätte dieses Bündnis nur gestört. Für seinen Krieg gegen den Iran nach der islamischen Revolution von 1979 erhielt Saddam Hussein aus West und Ost all die Waffen und Raketen sowie die Grundstoffe, Bauteile, das Know-how und die Produktionskapazitäten für die Massenvernichtungswaffen, deren angeblich fortgesetzte Existenz im Irak oder erneute Beschaffung und Entwicklung seit dem Abzug der UNO-Inspekteure im Dezember 1998 heute als Hauptbegründung für einen dritten Golfkrieg dienen. Die meisten Firmen und Waffenlabors, die Saddam Husseins Aufrüstungsprogramm ab Ende der 70er Jahre zulieferten, waren in Deutschland (West) und in den USA zu Hause. Die Mehrzahl dieser Lieferungen verstieß gegen internationale Rüstungskontrollabkommen oder gegen nationale Exportverbote. Dennoch erfolgten sie häufig mit Wissen, Duldung oder gar mit offiziellen Lizenzen und unter aktiver Förderung der Administrationen Reagan und Bush sen. in Washington; auch deutsche Regierungsstellen unter den Bundeskanzlern Helmut Schmidt und Helmut Kohl waren in viele Vorgänge dieser Art eingeweiht.

Die umfangreichen Zulieferungen deutscher Unternehmen zum Chemiewaffenprogramm Saddam Husseins wurden auch nach dem Giftgasmassaker der irakischen Luftwaffe an 6.800 Kurden in Halabscha im März 1988, das ein Akt des Völkermordes war, von den Unternehmen nicht beendet und von der Bundesregierung nicht unterbunden. »Ein paar tote Iraker interessieren unsere Aktionäre nicht«, erklärte nach dem Völkermord von Halabscha der Geschäftsführer der deutschen Firma mit dem seiner-

zeit größten Lieferumfang für das irakische C-Waffenprogramm.
Um ihren Verbündeten Saddam Hussein vor internationaler Kritik zu schützen, wies die US-Regierung ihre Diplomaten damals an zu verbreiten, Iran sei für das Massaker von Halabscha verantwortlich. Das geht aus Ende 2002 veröffentlichten Geheimdokumenten des US-Außenministeriums aus dem März 1988 hervor. Der heutige US-Verteidigungsminister Donald Rumsfeld weilte als Sonderbeauftragter von Präsident Reagan für den Mittleren Osten in der ersten Hälfte der 80er Jahre mehrfach zur Vereinbarung von Rüstungsgeschäften bei Saddam Hussein in Bagdad. George Bush sen. war bereits als CIA-Chef Mitte der 70er Jahre und später als Vize von Präsident Ronald Reagan (1980-1988) aktiv in die US-amerikanischen Bemühungen zur Aufrüstung des Regimes in Bagdad involviert. Die Satelliten-Zieldaten für den Einsatz chemischer Waffen gegen iranische Truppen erhielt Saddam Hussein vom Pentagon.
All diese hässlichen Tatsachen sind bestens dokumentiert. In den Reports der UNO-Waffeninspekteure (UNSCOM), die den Irak zwischen 1991 und 1998 durchsuchten; in Akten des amerikanischen Kongresses und in dem Waffenbericht, den die irakische Regierung Anfang Dezember 2002 dem UNO-Sicherheitsrat übergab. Die Teile des Berichtes mit den Informationen über ausländische Zulieferungen zu Saddam Husseins Rüstungsprogramm liegen allerdings nur den fünf ständigen Mitgliedern des Sicherheitsrates vor. Auch die UNSCOM-Reports sind weiterhin unter Verschluss. Darauf bestehen nicht nur die fünf ständigen Ratsmitglieder, sondern auch Deutschland und einige weitere UNO-Staaten, deren Firmen in den Reports eine prominente Rolle spielen.
Bis heute wurde das dunkle Kapitel der engen Kooperation mit dem Diktator Saddam Hussein weitgehend verdrängt.

In den USA noch mehr als in Deutschland. Den Managern ein paar weniger Firmen wurde der Prozess gemacht. Einige der Angeklagten wurden auch verurteilt. Doch die Aufarbeitung der politischen Verantwortung für die ausländische Beihilfe zu Saddam Husseins Aufrüstung mit Massenvernichtungswaffen und zu den von seinem Regime verübten Kriegsverbrechen, Völkermord und Verbrechen gegen die Menschheit ist bis heute noch nicht einmal versucht worden. Die Dämonisierung Saddam Husseins als Wiedergänger Hitlers Anfang 1991 erleichterte die Verdrängung. Auch die Verdrängung der bis heute völlig unaufgeklärten Kriegsverbrechen der US-amerikanischen Streitkräfte im Golfkrieg, darunter das Massaker an mutmaßlich mehreren zehntausend auf dem Rückzug befindlichen irakischen Soldaten entlang der Wüstenstraße zwischen Basra und Bagdad.

Die Dämonisierung des Diktators Saddam Hussein hat im Laufe der letzten zwölf Jahre auf das ganze Land übergegriffen. »Der Irak« ist zum Feindbild geworden. Am meisten davon betroffen ist die Zivilbevölkerung. Es gibt in der Welt kaum irgendwo Empathie für die 23 Millionen Iraker. Nur so ist erklärbar, dass die verheerenden Folgen, die die umfassenden Wirtschaftssanktionen der UNO für die Menschen in dem auch immer noch von den Zerstörungen des letzten Golfkrieges betroffenen Land haben, immer noch auf ein so geringes Interesse stoßen. Dasselbe gilt für die entsetzlichen Auswirkungen des Einsatzes von Munition mit abgereichertem Uran im letzten Golfkrieg, den die US-Streitkräfte ausdrücklich auch für den nächsten Krieg einplanen. Wie, wenn nicht mit mangelnder Empathie für die Menschen im Irak, ist es sonst erklärbar, dass die Erklärung aus dem Mund der ehemaligen US-Außenministerin Madeleine Albright, die Notwendigkeit einer Aufrechterhaltung der UNO-Sanktionen rechtfertige auch den Tod von über einer halben Million irakischer Kleinkin-

der, nicht weltweit auf einen Aufschrei der Empörung gestoßen ist und keinerlei politische Konsequenzen für Albright hatte?
Als Hans von Sponeck 1998 von UNO-Generalsekretär Kofi Annan zum Koordinator für die humanitären UNO-Programme im Irak ernannt wurde, war ihm das Ausmaß der menschlichen Katastrophe in dem Land noch nicht bewusst. Zwei Jahre später ist von Sponeck zurückgetreten – aus Protest gegen die Politik des UNO-Sicherheitsrates und insbesondere seiner zwei ständigen Mitglieder USA und Großbritannien. Wie bereits sein Vorgänger Denis Halliday sowie – gemeinsam mit von Sponeck – die Leiterin des Welternährungsprogramms in Bagdad, Jutta Burghardt. Alle drei werfen dem UNO-Sicherheitsrat inzwischen vor, mit der Aufrechterhaltung der Sanktionen gegen das Völkerrecht zu verstoßen und einen Akt des Völkermordes am irakischen Volk zu begehen.
Von Sponeck führt in diesem Buch Belege für diese Vorwürfe an. Und er weist darauf hin, dass der Sicherheitsrat bei der Verhängung der Sanktionen gegen Irak im Namen aller Mitglieder der UNO gehandelt hat. Und dass damit alle Mitgliedsstaaten, darunter Deutschland, das bis Ende 2004 im Sicherheitsrat vertreten ist, auch mitverantwortlich sind für die Auswirkungen der Sanktionen auf die irakische Zivilbevölkerung.
Der Rücktritt der drei UNO-Funktionäre war die größte interne Revolte in der bisherigen Geschichte der Weltorganisation. Aber bislang hat sie zumindest keine erkennbaren Konsequenzen. Die Wirkung der Dämonisierung Saddam Husseins auf das Bewusstsein der internationalen Gemeinschaft ist stärker. Und zugleich waren die Sanktionen das wirksamste Mittel, um das Regime von Saddam Hussein unter Kontrolle und gleichzeitig an der Macht zu halten. Insbesondere für die USA hat ein Saddam Hussein, der in Bagdad an der Macht ist, in den letzten zwölf Jahren eine

wichtige Funktion erfüllt. Unter Verweis auf die angeblich von seinem Regime ausgehende Bedrohung konnten die USA seit 1991 Waffen im Wert von über 100 Milliarden US-Dollar an Israel, Saudi-Arabien und andere Staaten der Region verkaufen. Und auch in der innenpolitischen Debatte Amerikas war der Verweis auf den Schurkenstaat Irak nach dem Ende des Kalten Krieges und dem Zusammenbruch der Sowjetunion eines der wichtigsten Argumente der Befürworter einer fortgesetzten Atombewaffnung und -rüstung.

Doch jetzt hat Saddam Hitler seine Schuldigkeit getan. Die politischen Rahmenbedingungen für den fortgesetzten Einfluss und die Kontrolle der USA über den Mittleren Osten und seine reichen Ölvorkommen haben sich verändert. Nicht erst seit dem 11. September 2001. Bei den aus Washingtoner Sicht notwendigen Neuordnungen in der Region steht der Diktator von Bagdad im Weg. Richard Perle, Vize-Verteidigungsminister unter Präsident Ronald Reagan in den 80er Jahren und heute als Vorsitzender des wichtigsten Beratungsgremiums für das Pentagon einer der einflussreichsten Männer in Washington, hat dies schon im Jahre 1996 klar formuliert. In einem Beratungspapier für den damals gerade gewählten israelischen Premierminister Benjamin Netanjahu plädierte Perle für einen »klaren Bruch« (»a clean break«) mit der damaligen Nahostpolitik und für eine »Neue Strategie zur Erhaltung der Vorherrschaft« der USA und Israels in der Region.

Punkt eins des Beratungspapiers: Israel solle den Oslo-Friedensprozess mit den Palästinensern beenden, sich nicht mehr auf ähnliche Verhandlungen einlassen und seine Interessen gegenüber den Palästinensern wie den arabischen Staaten kompromisslos durchsetzen.

Punkt zwei: Ausgehend von der Analyse, dass die innenpolitischen Konflikte in Saudi-Arabien früher oder später zu einer ähnlichen Explosion führen könnten wie 1979 im

Iran, dringt Perle darauf, dass die USA ihren geopolitischen Verbündeten und verlässlichen Öl-Lieferanten Saudi Arabien rechtzeitig durch den Irak ersetzen. Dem dafür erforderlichen Sturz nicht nur Saddam Husseins, sondern des gesamten Regimes der Baath-Partei im Irak werde – so Perles Prognose – als Domino-Effekt über kurz oder lang der Kollaps des Baath-Regimes in Syrien folgen. Damit gerate dann auch der Libanon endlich wieder unter die volle Kontrolle Israels und damit der USA. Zum Schluss seines Beratungspapiers aus dem Jahr 1996, das sich wie eine Blaupause für die seitdem eingetretene Entwicklung in der Region liest, plädiert Perle dafür, dass die USA für das 21. Jahrhundert im Mittleren Osten eine »strategische Achse formen mit den beiden einzigen Demokratien der Region, Israel und der Türkei«.

1997 wurde in Washington die »Projektgruppe für ein neues Amerika« aus der Taufe gehoben. Gründungsmitglieder waren neben Richard Perle zehn Männer, die inzwischen hochrangige Posten in der Bush-Administration besetzen: darunter Vizepräsident Dick Cheney, Verteidigungsminister Donald Rumsfeld und sein Vize Paul Wolfowitz, der stellvertretende Außenminister Richard Armitage, der für Rüstungskontrolle zuständige Staatssekretär im State Department, John Bolton, sowie der Sonderbeauftragte des Weißen Hauses für die Beziehungen zur irakischen Opposition, Zalmay M. Khalilzad. Eine der ersten Initiativen der Gruppe war Anfang 1998 ein Brief an den damaligen Präsidenten Bill Clinton mit der Forderung, die Regierung in Washington solle »damit beginnen, eine Strategie zur Beseitigung von Saddams Regime umzusetzen«.

Seit sie im Januar 2001 selbst in wichtige Regierungsämter beziehungsweise auf einflussreiche Beraterposten gekommen waren, trieben die Mitglieder der »Projektgruppe für ein neues Amerika« das Ziel des »Regimewechsels« in Bagdad konsequent voran. Die Terroranschläge vom

11. September 2001 schufen die Möglichkeit, die Beseitigung des Regimes in Bagdad als einen notwendigen Teil des Krieges gegen den Terrorismus darzustellen. Wesentlich unter dem Einfluss von Cheney und Rumsfeld fügte Präsident Bush seinem (erst Mitte Januar 2002 bekannt gewordenen) geheimen Exekutivbefehl vom 17. September 2001, mit dem er den Kommandeuren der US-Streitkräfte die Vorbereitung des Krieges gegen das Al-Quaida-Netzwerk und das Taliban-Regime in Afghanistan befahl, einen zweiten Absatz zu. In diesem Absatz gab Bush den Kommandeuren die Order, Szenarien für einen Krieg gegen Irak auszuarbeiten. Bereits in den folgenden Tagen fanden im Pentagon unter Teilnahme von Minister Rumsfeld intensive Diskussionen statt über das Vorhaben, Saddam Hussein zu stürzen.

In seiner »State of the Union«-Rede vom 28. Januar 2002 machte Präsident Bush bereits deutlich, mit welcher öffentlichen Begründung der Krieg gegen das Regime von Saddam Hussein einst geführt werden sollte. Der Präsident erklärte: »Staaten wie Irak, Iran und Nordkorea und ihre terroristischen Verbündeten bilden eine Achse des Bösen. Sie bewaffnen sich, um den Weltfrieden zu bedrohen. Das Bemühen dieser Regime um Massenvernichtungswaffen bedeutet eine schwerwiegende und wachsende Gefahr. Sie könnten diese Waffen an Terroristen weitergeben. Ich werde dieser wachsenden Gefahr nicht tatenlos zuschauen.«

Etwas im Weg stand dem Vorhaben eines Krieges gegen Irak mit dem Ziel einer Beseitigung der Regierung in Bagdad zunächst noch das Völkerrecht. In einer frühen Phase der Kriegsplanungen argumentierte die Bush-Administration, die nach dem letzten Golfkrieg verabschiedete Resolution 687 des UNO-Sicherheitsrates vom 3. April 1991 sei eine ausreichende völkerrechtliche Grundlage für einen erneuten Krieg. In dieser Resolution hatte der Sicherheitsrat Bagdad die Auflage zur Abrüstung aller Massenvernichtungswaffen und ballistischen Raketen unter internationaler Kontrolle gemacht und zur Durchsetzung dieser Forderung die ursprünglich nach der irakischen Invasion in Kuweit Anfang August 1990 verhängten umfassenden Wirtschaftssanktionen verlängert. Mit dieser Resolution sei der Golfkrieg nicht beendet, sondern lediglich ein Waffenstillstand etabliert worden, argumentierte die Bush-Administration noch bis zum Mai 2002. Da Bagdad sich aber nicht an diese Waffenstillstands-Vereinbarung gehalten habe, hätten die USA und andere hierzu willige Staaten das Recht, den seinerzeit ja vom UNO-Sicherheitsrat mandatierten Krieg gegen Irak wieder aufzunehmen.

Doch das Mandat zur Anwendung militärischer Maßnahmen gegen Irak, das der Sicherheitsrat mit seiner Resolution 678 vom 29. November 1990 erteilt hatte, bezog sich ausschließlich auf das Ziel, die Besetzung Kuweits durch irakische Truppen rückgängig zu machen. Auf diesen Umstand machte der britische Premierminister Tony Blair Präsident Bush im Mai 2002 aufmerksam. Blair empfahl Bush dringend, bei den Vorbereitungen für den Krieg gegen Irak zumindest zunächst einmal den Weg über die UNO einzuschlagen und eine neue UNO-Resolution anzustreben. Diese Linie wurde in Washington auch von Außenminister Colin Powell vertreten. Nach längeren regierungsinternen Auseinandersetzungen mit Rumsfeld, Wolfowitz und anderen Mitgliedern der Administration, die das Bemühen um eine neue UNO-Resolution für Zeitverschwendung hielten, setzte sich die Linie Powells schließlich durch. Am 12. September 2002 verkündete Präsident Bush vor der UNO-Generalversammlung, die USA würden sich um eine neue Irak-Resolution des Sicherheitsrates bemühen. Doch der Versuch Washingtons und Londons, bereits in dieser Resolution eine ausdrückliche Ermächtigung zum Krieg gegen Irak zu verankern, sollte Bagdad die mit dieser Resolution verfügten Auflagen nicht erfüllen, scheiterte am Widerstand der drei anderen ständigen Ratsmitglieder Frankreich, Russland und China. Sie lehnten einen Automatismus hin zum Krieg ab und bestanden darauf, dass militärische Maßnahmen in jedem Fall eine weitere Resolution erforderten.

Die schließlich am 8. November 2002 verabschiedete Resolution 1441 des Sicherheitsrates formuliert in dieser Frage einen Kompromiss. Zwar werden militärische Maßnahmen gegen Irak nicht von einer weiteren Resolution mit einer ausdrücklichen Ermächtigung abhängig gemacht. Aber die Resolution 1441 legt fest, dass nur der Sicherheitsrat als Gremium, nicht aber ein einzelnes Ratsmitglied »schwerwiegende Verstöße« Iraks gegen die Auflagen der Resolution feststellen kann. Über etwaige Maßnahmen nach einer solchen Feststellung sollen dann »Konsultationen unter den Mitgliedern des Rates« stattfinden. Zudem wird in der Resolution 1441 festgelegt, dass ein »schwerwiegender Verstoß« Iraks erst dann vorliegt, wenn Bagdad weiterhin Massenvernichtungsmittel besitzt und zugleich auch die UNO-Waffeninspekteure der UNMOVIC behindert.

Die Bush-Admininistration interpretiert – unterstützt von der Regierung Blair – die Resolution 1441 dennoch als ausreichende Grundlage für einen Krieg. Hinter den Kulissen übte Washington erheblichen Druck auf Deutschland und andere nichtständige Ratsmitglieder aus, sich dieser Interpretation anzuschließen.

Andreas Zumach *Genf, 22. Januar 2003*

Chronik eines gewollten Krieges

Das nachfolgende Gespräch wurde Mitte Januar 2003 in Genf geführt.

Andreas Zumach: »Just oil not just war« steht auf den Plakaten US-amerikanischer Bürger, die in den letzten Wochen zu Hunderttausenden gegen den Kriegskurs ihrer Regierung demonstriert haben. Zu Deutsch: »Es geht um Öl, nicht um einen gerechten Krieg.« Ist es tatsächlich so einfach?

HANS VON SPONECK: Natürlich geht es nicht nur um die fünf Prozent der Welt-Ölproduktion – das ist der Beitrag des Iraks im Augenblick –, es geht der Bush-Administration vielmehr darum, die volle Kontrolle über die Energiequellen im Mittleren Osten und ihre Nutzung zu erlangen. Energiequellen, die natürlich auch für Europa und für Japan von erheblicher Bedeutung sind. Die Kontrolle über diese Energiequellen ist eine der Hauptinteressen der amerikanischen Politik in dieser Region. Und dabei ist Saddam Hussein ein Hindernis.

Aber den Sturz Saddam Husseins und einen Regimewechsel in Bagdad hätte Präsident Bushs Vater doch schon vor zwölf Jahren am Ende des letzten Golfkrieges herbeiführen können. Warum ist das nicht geschehen?

Diese Frage wird von Historikern immer wieder gestellt werden: Warum sind die amerikanischen Truppen seinerzeit bei ihrem siegreichen Vormarsch 80 Kilometer südlich von Bagdad stehen geblieben?
Die offizielle Erklärung der Regierung in Washington ist, dass es damals keinen Beschluss des UNO-Sicherheitsrates

gab, der es den US-amerikanischen Truppen erlaubt hätte, in Bagdad einzumarschieren. Über diese Begründung muss ich angesichts des derzeitigen Umgangs der Bush-Administration mit dem Sicherheitsrat etwas lächeln. Auch gab es damals in Washington Bedenken, ein Sturz der Zentralmacht in Bagdad könne zu einem Auseinanderfallen des Iraks und in der Folge möglicherweise zu einer Destabilisierung der gesamten Region führen, weil etwa die Kurden im Irak, in der Türkei, im Iran und in Syrien mit der Forderung nach Grenzveränderungen und nach einem gemeinsamen Staat hätten auftreten können. Ich glaube aber, die ehrlichere Antwort auf die Frage ist, dass man sich in Washington darüber klar wurde, dass ein geschwächter, aber lebender, durch Wirtschaftssanktionen und Abrüstungsauflagen der UNO in seiner Macht und seinem Aktionsradius begrenzter und kontrollierter Diktator Saddam Hussein eine viel bessere Rahmenbedingung war für die weitere politische und militärische Präsenz der USA in der Golfregion und für ihr Ziel, die dortigen Energieressourcen zu kontrollieren. Ein geschwächter Saddam im Käfig war besser als gar kein Saddam Hussein. Im Rückblick glaube ich nicht, dass es mehr als ein Jahrzehnt lang eine amerikanische Militärpräsenz in Saudi-Arabien gegeben hätte, wenn man nicht dieses Feindbild Saddam Hussein aufrechterhalten hätte. Zudem konnten die USA unter Verweis auf die angeblich fortgesetzte Bedrohung der Region durch das Regime von Saddam Hussein in den letzten zwölf Jahren Waffen für über hundert Milliarden US-Dollar an Israel, Saudi-Arabien, die Golf-Emirate und andere Länder verkaufen. Ich glaube, das ist die bessere Antwort auf die Frage, warum die USA nicht bereits 1991 den jetzt als Kriegsziel proklamierten »Regimewechsel« in Bagdad durchgesetzt haben.

Aber wenn der Status quo der letzten zwölf Jahre so vorteilhaft für die USA war, warum sollte er dann jetzt verändert werden?

Dieser Einwand gegen die Politik der Bush-Administration ist – zumindest bis zum Beginn der Phase operativer Kriegsvorbereitungen im Herbst 2002 – ja auch in der innenpolitischen Debatte in den USA formuliert worden, unter anderem von den ehemaligen Außenministern und nationalen Sicherheitsberatern Henry Kissinger, Madeleine Albright, Cyrus Vance und Bent Scowcroft.
Doch die Dringlichkeit für einen Regimewechsel in Bagdad ergibt sich aus Sicht der Bush-Administration aus den veränderten Rahmenbedingungen für die amerikanische Präsenz im Mittleren Osten seit den Anschlägen vom 11. September 2001. Nach dem Golfkrieg vom Frühjahr 1991 waren die US-Amerikaner mehr als geduldet in Saudi-Arabien. Nach dem 11. September sind die Amerikaner immer weniger geduldet in Saudi-Arabien. Die Gefahr, dass dem Mieter Amerika von dem Vermieter Saudi-Arabien der Mietvertrag gekündigt wird, wächst zunehmend. Daher brauchen die USA einen neuen Anker in der Region. Dieser neue Anker könnte der Irak sein, nach Saudi-Arabien das Land mit den zweitgrößten bekannten Ölreserven der Welt. Mit etwas Phantasie könnte man sagen, heute schauen amerikanische Soldaten mit dem Fernrohr von Saudi-Arabien auf den Irak. Vielleicht werden sie in einem Jahr vom Irak aus auf Saudi-Arabien schauen – in die umgekehrte Richtung. Aber der Irak als neuer geopolitischer Bündnispartner der USA in der Region und als verlässlicher Lieferant preiswerten Öls – das ist natürlich nicht vorstellbar, solange die Regierung von Saddam Hussein an der Macht ist.

Der Begriff »Regimewechsel« ist ja keineswegs eine Erfindung der Bush-Administration. Er stammt vielmehr bereits aus der Zeit der Präsidentschaft Bill Clintons.

Das ist richtig. Der Kongress in Washington hat im Oktober 1998 den so genannten »Iraq Liberation Act« verabschiedet. Mit diesem Gesetz wurde die Regierung darauf verpflichtet, auf einen »Regimewechsel« in Bagdad hinzuarbeiten. Präsident Clinton hat diesen Begriff auch übernommen. Allerdings gibt es einen wesentlichen Unterschied zur aktuellen Situation. Im Verständnis der Clinton-Administration sollte der Regimewechsel im Irak durch »containment« bewirkt werden, also durch Eindämmung, und nicht durch einen heißen Krieg. Es war vorgesehen, den politischen und wirtschaftlichen Druck auf die Regierung von Saddam Hussein zu erhöhen. Durch eine Verschärfung der Sanktionen, eine verstärkte Unterstützung der Oppositionsgruppen im Exil sowie durch die Durchsetzung eines neuen Waffenkontrollregimes nach dem Abzug der UNO-Waffeninspektions-Kommission UNSCOM Mitte Dezember 1998. Trotz der aus UNSCOM-Zeiten offen gebliebenen Rüstungsfragen stellte Irak nach Analyse der Clinton-Administration keine militärische Gefahr dar, weder für seine unmittelbaren Nachbarn oder für Israel – eine Einschätzung, die auch von den Streitkräften Israels und seinem militärischen Geheimdienst geteilt wurde – und schon gar nicht für die USA. Mit dieser Analyse – vorgetragen bei einer Pressekonferenz im Pentagon – verabschiedete sich im Januar 2001 auch Clintons Verteidigungsminister William Cohen (ein Republikaner) von seinem Amt.

Warum hat die Bush-Administration diese Einschätzung des Republikaners Cohen nicht übernommen?

Dafür gibt es verschiedene Gründe. Zunächst die Tatsache, dass in der Bush-Administration viele Personen auf einflussreiche Posten kamen, die bereits in der einen oder anderen Funktion der Regierung von George Bush sen. oder sogar schon der Regierung von Ronald Regan angehört hatten. Diese Personen haben den Golfkrieg von 1991 – obwohl das offizielle Ziel, die Vertreibung der irakischen Besatzungstruppen aus Kuweit, erreicht wurde – zumindest teilweise als Niederlage der USA gewertet. Denn Saddam Hussein – der damals ja bereits von Präsident Bush mit Adolf Hitler verglichen wurde – wurde letzten Endes doch an der Macht belassen. Zum zweiten sind die führenden Mitglieder der Bush-Administration sehr viel ideologischer geprägt als ihre Vorgänger und einfachen Feindbildern verhaftet. Hinzu kommen schließlich die bereits eingangs erwähnten objektiven Veränderungen der Rahmenbedingungen für die US-amerikanische Präsenz im Mittleren Osten – vor allem, aber nicht nur, durch die Entwicklung in Saudi-Arabien. Einige Mitglieder oder führende Berater der Bush-Administration, wie etwa Richard Perle, unter Reagan stellvertretender Verteidigungsminister und heute Chef des wichtigsten Beratungsstabes für das Pentagon, fordern bereits seit Jahren einen Krieg gegen Irak und den Sturz Saddam Husseins. Unter anderem hat Perle diese Forderung 1996 in einem Strategiepapier für eine grundlegende neue Politik der USA in Hinblick auf den Mittleren Osten formuliert.

Wann genau in der Bush-Administration nach ihrem Amtsantritt im Januar 2001 die Würfel für einen Krieg gegen Irak gefallen sind, ist noch unklar. Sicher ist allerdings, dass der Entschluss keineswegs erst im Herbst 2002 getroffen wurde, als Washington im UNO-Sicherheitsrat die Resolution 1441 durchsetzte, die nun als ausreichende völkerrechtliche Grundlage für einen Krieg bezeichnet wird. Wir wissen inzwischen, dass die Anweisung von Präsident Bush, einen Krieg gegen Irak vorzubereiten, in unmittelbarem Zusammenhang mit den Anschlägen vom 11. September 2001 getroffen wurde. Die Washington Post hat Mitte Januar 2003 über den bis dato hochgeheimen Exekutivbefehl berichtet, mit dem Präsident Bush am 17. September

2001 den US-Streitkräften die Anordnung zur Vorbereitung des Krieges gegen das Al-Qaida-Netzwerk und das Taliban-Regime in Afghanistan erteilte. Im letzten Absatz dieses Exekutivbefehls gab Bush auch die Anordnung zur Vorbereitung eines Krieges gegen Irak. Auch nach dieser Entscheidung gab es innerhalb der Administration noch Kräfte, die zunächst weiterhin auf eine Fortsetzung und Verschärfung der Strategie »Regimewechsel durch Eindämmung« drängten. Prominentester Vertreter dieser Richtung war Außenminister Colin Powell, der sich noch bis in den Frühsommer 2002 um eine Verschärfung der Sanktionen gegen Bagdad bemühte. Doch Powell unterlag schließlich in der regierungsinternen Auseinandersetzung den Kräften, die auf Krieg setzten.

Warum gab und gibt es bis heute bei der Demokratischen Partei in den USA so wenig Widerspruch gegen den Kriegskurs der Bush-Administration?

Die Demokraten sind seit dem 11. September 2001 in allen Diskussionen, bei denen es um die innere oder äußere Bedrohung der USA geht, in der Defensive. Ganz unabhängig davon, ob diese Bedrohung real oder eingebildet ist oder von der Regierungspropaganda an die Wand gemalt wird. Die Demokraten haben sich zur Anpassung an die Linie der Bush-Administration entschieden. Eine wichtige Rolle bei der Einbindung der – allermeisten – demokratischen Mitglieder des Kongresses in den Kriegskurs der Regierung spielten die Irak-Anhörungen vor dem Auswärtigen Ausschuss des Senats am 31. Juli und 1. August 2002.

Wieso? Anhörungen vor dem Kongress sind doch eine Gelegenheit, Kritiker des Regierungskurses zu Wort kommen zu lassen und zur öffentlichen Diskussion und Meinungsbildung beizutragen.

So sollte es sein. Und die Entscheidung des damaligen Vorsitzenden des Auswärtigen Senatsausschusses, Senator Joseph Biden, eines Demokraten, Anhörungen über die Irakkrise anzusetzen, war auch gut und richtig. Diese Anhörungen hätten die Basis schaffen können für eine kritische Überprüfung der amerikanischen Außenpolitik gegenüber dem Irak und der gesamten Region des Mittleren Ostens. Doch diese Chance ist nicht genutzt worden. Denn für die zweitägigen Anhörungen wurden 18 Zeugen mit im Wesentlichen derselben politischen Grundausrichtung und zum Teil erschreckend geringen Kenntnissen über die tatsächliche Lage im Irak eingeladen. Die Zeugengruppe bestand vorrangig aus ehemaligen Angehörigen der amerikanischen Streitkräfte sowie aus Ex-Beamten des Pentagon und des State Department, die inzwischen in verschiedenen Denkfabriken (»Think tanks«) in Washington arbeiten. Im Unterschied zu anderen Hauptstädten der Welt sind es in Washington oft die Think tanks, die die Richtung der Außenpolitik bestimmen. Die 18 Zeugen bildeten eine homogene Gruppe gleich gesinnter Personen, die alle ein gemeinsames Ziel hatten: die Umsetzung des Iraq-Liberation-Acts vom Oktober 1998 – also Regimewechsel im Irak. Keiner der 18 Zeugen hat sich bei den Anhörungen gegen dieses Ziel ausgesprochen. Und die meisten hielten einen Krieg für erforderlich, um dieses Ziel zu erreichen. Thema der Anhörungen war in erster Linie, wie der Irak angegriffen werden sollte. Das Warum wurde gar nicht mehr in Frage gestellt. Es ging um Kosten, Risiken und operative Szenarien eines Krieges. Die Frage, mit wie vielen Opfern unter den US-Soldaten im schlimmsten Fall zu rechnen sei, wurde breit diskutiert. Über Opfer unter irakischen Zivilisten oder Soldaten wurde kaum ein Wort verloren.

Als einer der Kronzeugen für die Notwendigkeit eines Krieges diente mein ehemaliger Kollege in Bagdad, Richard

Butler, der umstrittene Chef der UNO-Waffeninspektionskommission UNSCOM in der Zeit von 1997 bis 1998. Es sei nicht eine Frage, ob, sondern nur eine Frage, wie viele Massenvernichtungswaffen Saddam Hussein habe, erklärte Butler vor dem Senatsausschuss. Beweise für seine Behauptung legte Butler nicht vor. Danach wurde er von den anwesenden Senatoren auch nicht gefragt. Butler empfahl den USA, statt mit der internationalen Gemeinschaft zu kooperieren, sollten sie Saddam Hussein möglichst schnell im Alleingang beseitigen, bevor es zu spät sei. (»Better now than regretting it later of not having done it.« – »Besser jetzt, als später zu bereuen, dass man es nicht getan hat.«) Butlers Vorgänger Rolf Ekeus wurde nicht als Zeuge zu den Anhörungen eingeladen.

Aber dafür hat doch der ehemalige Leiter des irakischen Atomwaffenprogramms als Zeuge ausgesagt, wie aus den Protokollen der Anhörung hervorgeht.

Es hat ein Wissenschaftler ausgesagt namens Dr. Khidir Hamza, der von sich behauptet, er sei in den 80er Jahren der Leiter des irakischen Atomwaffenprogramms gewesen. An dieser Behauptung gibt es von verschiedener Seite erhebliche Zweifel. Nach offizieller irakischer Darstellung – der man natürlich auch prinzipiell mit Skepsis begegnen muss – hatte Hamza nur eine sehr untergeordnete Position innerhalb des irakischen Atomwaffenprogramms inne.
Hamza hat sich selbst in ein schiefes Licht gestellt mit von ihm als wissenschaftlich deklarierten Aussagen über biologische und chemische Waffen, Bereiche, von denen er nichts versteht. Er ist dafür auch verschiedentlich öffentlich kritisiert worden. Nach seiner Flucht ins Ausland im Jahre 1995 haben sich auch ausländische Nuklearwissenschaftler angehört, was Hamza auf seinem Fachgebiet zu sagen hat. Sie waren nicht beeindruckt. Bei der Anhörung in

Washington wurde er allerdings als ehemaliger Leiter des – 1998 von der UNSCOM zerstörten – irakischen Atomwaffenprogramms präsentiert und als Kronzeuge dafür, dass Bagdad das Programm seit 1998 wieder aufgenommen habe. Beweise legte der Kronzeuge bei der Anhörung nicht vor. Nachfragen zu seiner früheren Funktion wurden nicht gestellt.
Der republikanische Senator Richard Lugar erklärte vor dem auswärtigen Senatsausschuss – dessen Vorsitz er nach dem Sieg der Republikaner bei den Wahlen im November 2002 übernommen hat – ganz offen, dass es bei einem Krieg gegen Irak letzten Endes um die Kontrolle der Ölfelder geht. Nach einem Krieg könne Irak mit den Erlösen aus dem Ölverkauf seinen Wiederaufbau finanzieren, fügte Lugar hinzu. Das ist eine seltsame Logik. Man greift ein Land an, zerstört es und präsentiert diesem Land anschließend die Rechnung für den Wiederaufbau.

Welche Vorstellungen wurden bei der Anhörung denn für die Zeit nach einem Krieg präsentiert?

Die Frage, was kommt, wenn der Krieg vorbei ist, hat fast keine Rolle gespielt. Das ist sehr beunruhigend.

Glauben Sie denn, dass die Bush-Administration eine Strategie für die Zeit nach dem Krieg hat?

Es ist schwer vorstellbar, dass eine Regierung, die einen so ernsten Schritt wie einen Krieg in Erwägung zieht, sich nicht über das Danach unterhält. Aber die öffentliche Diskussion der Bush-Administration lässt nicht erkennen, dass man eine Vorstellung hat über die Folgen eines Krieges und den Beitrag, den Amerika leisten kann für ein neues Kapitel im Irak. Zwar spricht die Administration in allgemeiner Form über Demokratie und einen Wiederaufbau im Land. Aber darüber hinausgehende konkrete Vorstellungen habe ich bislang nicht vernommen. Die Bush-Administration wie auch der Kongress, der den Krieg ja gebilligt hat, glauben offenbar, sie könnten das Äquivalent für einen afghanischen Karzai[1] finden, den man dann mit dem Fallschirm über Bagdad absetzt und ihm die politischen Geschäfte übergibt. Das dürfte kaum funktionieren. Die große Uneinigkeit der im Ausland lebenden irakischen Oppositionsgruppen wird nach einem Regimewechsel nicht einfach in große Einigkeit umschlagen. Im Gegenteil: Zunächst einmal ist mit verschärften, möglicherweise gewaltsam ausgetragenen Konflikten zu rechnen.

Wann beginnt eigentlich ein Krieg? Erst mit einer offiziellen Kriegserklärung – oder wenn die ersten CNN-Bilder einschlagender Raketen um die Welt gehen, wie in der Nacht des 16. Januars 1991? Waren nicht bereits die seit Sommer 2002 deutlich eskalierten amerikanisch-britischen Luftangriffe auf irakische Ziele und die Operationen amerikanischer und israelischer Spezialeinheiten sowie türkischer Truppen im Norden und Westen des Iraks eine Form des Krieges? Einige Beobachter gehen noch weiter und kritisieren die seit August 1990 bestehenden umfassenden Wirtschaftssanktionen der UNO als Krieg gegen die irakische Bevölkerung.

In Hinblick auf die eskalierenden militärischen Maßnahmen seit Sommer 2002 kann man sicher von einem schleichenden Krieg sprechen. Was die vom UNO-Sicherheitsrat verhängten Wirtschaftssanktionen und seine anderen Irak-relevanten Entscheidungen seit August 1990 angeht, muss man differenzieren – hinsichtlich ihrer Berechtigung, Angemessenheit, Umsetzung und ihrer Auswirkungen.

---

1 Hamid Karzai, Präsident Afghanistans, früher bei der US-amerikanischen Gas- und Pipeline-Firma Unical angestellt

Halten Sie die Resolution 661, mit der der Sicherheitsrat am 6. August 1990 gegen den Irak die umfassendsten Wirtschaftssanktionen verhängte, die jemals in der Geschichte der UNO einem Land auferlegt wurden, für gerechtfertigt?

Im Unterschied zur aktuellen Situation gab es im August 1990 eine klare Ausgangslage. Irak hatte sein Nachbarland Kuweit überfallen und besetzt. Das war ein eindeutiger Verstoß gegen das Völkerrecht, den der Sicherheitsrat seinerzeit zu Recht als Bruch des Friedens und der internationalen Sicherheit verurteilt hat. Es gab in der Beurteilung des irakischen Verhaltens damals auch einen Konsens mit Syrien, Ägypten und anderen arabischen Staaten. Ein solcher Konsens existiert in Hinblick auf die heutige Situation in keiner Weise mehr. Dass Saddam Hussein wenige Tage vor dem Einmarsch seiner Truppen in Kuweit Signale von der damaligen US-Botschafterin in Bagdad, April Glaspie, erhielt, die er als grünes Licht der Regierung von Bush sen. für seine Invasionspläne deuten konnte, entschuldigt sein Verhalten nicht und macht es keine Spur besser.
Die vom Sicherheitsrat mit der Resolution 661 verhängten umfassenden Wirtschaftssanktionen waren eine angemessene Reaktion, die das Ziel hatte, den unverzüglichen, vollständigen und bedingungslosen Abzug der irakischen Besatzungstruppen aus Kuweit zu erzwingen.

Gilt diese Ihre Bewertung auch für die Resolution 678 vom 29. November 1990, mit der der Sicherheitsrat militärische Maßnahmen gegen den Irak mandatierte, sollte Bagdad die Besatzungstruppen aus Kuweit nicht bis zum 15. Januar 1991 zurückziehen?

Zwar ist die erforderliche Mehrheit für diese damals von Washington beantragte Resolution im Sicherheitsrat nur unter massivem Druck der USA auf andere Ratsmitglieder zustande gekommen. Dennoch wurde mit der Resolution 678 seinerzeit eine völkerrechtlich eindeutige Grundlage für militärische Maßnahmen gegen den Irak geschaffen. Die Resolution 1441 vom November 2002 bietet, anders als von den USA und Großbritannien behauptet, diese Grundlage nicht. Die Bundesregierung hat die Resolution 1441 ebenfalls als zur Not ausreichende Grundlage bewertet, anstatt die Verabschiedung einer zweiten Resolution mit einer eindeutigen Ermächtigung zu militärischen Maßnahmen zur Conditio sine qua non zu machen. Dies markiert ein großes Versagen Deutschlands bei der Verteidigung der UNO-Charta.

Die Notwendigkeit der Kriegsermächtigungsresolution 678 vom November 1990 wurde von der damaligen Bush-Administration in erster Linie mit dem Argument begründet, die vom UNO-Sicherheitsrat verhängten Wirtschaftssanktionen würden nicht konsequent durchgesetzt und seien wirkungslos. Mit dieser Behauptung gelang es Präsident Bush sen. im Januar 1991 auch, im US-Kongress eine knappe Mehrheit für eine Kriegsermächtigung herbeizuführen. Erst einige Wochen nach Ende des Golfkrieges wurde dann eine Geheimdienstanalyse bekannt, die die CIA Präsident Bush sen. Mitte Dezember 1990 vorgelegt hatte. Nach dieser CIA-Analyse waren die irakischen Importe seit Verhängung der UNO-Sanktionen Anfang August 1990 um 97 Prozent gesunken, die Exporte um 90 Prozent und das Bruttosozialprodukt des Landes um 45 Prozent. Spätere Untersuchungen u. a. des Washingtoner Weltwirtschaftsinstituts sind zu dem Ergebnis gekommen, dass die Irak-Sanktionen der UNO im zweiten Halbjahr 1990 die wirksamsten wirtschaftlichen Zwangsmaßnahmen in der Geschichte der UNO und ihres Vorgängers Völkerbund gewesen sind. Nach Einschätzung der von Präsident Bush sen. geheim gehaltenen CIA-Analyse hätte Saddam Hussein nach spätestens drei weiteren Monaten konsequenter Sanktionen seine Besatzungstruppen aus Kuweit auch ohne Krieg abziehen müssen, weil er sie nicht mehr hätte versorgen können.

Diese Episode illustriert ein grundsätzliches Problem, das für den Umgang der Vereinten Nationen und ihres Sicherheitsrates mit dem Irak-Problem in der gesamten Zeitspanne seit August 1990 bis heute kennzeichnend ist: Die UNO hatte – und hat – nicht die Mittel und Instrumente, um, wie im von Ihnen genannten Fall, die Umsetzung und die Auswirkungen der vom Sicherheitsrat beschlossenen Maßnahmen überwachen und kontrollieren zu können. Damit fehlte und fehlt der UNO auch die Möglichkeit, feststellen zu können, ob die beschlossenen Maßnahmen zur Umsetzung der in den Rats-Resolutionen formulierten politischen Ziele und Forderungen beitrugen. Nur einzelne Mitgliedsstaaten – im genannten Fall die USA mit ihren Geheimdiensten und Aufklärungskapazitäten – verfügen über die entsprechenden Möglichkeiten. Der UNO stellen sie diese aber zumeist nicht oder nur sehr selektiv zur Verfügung. Daher lassen sich die internationale Debatte über ein Problem sowie nachfolgende Entscheidungen des Sicherheitsrates leicht von einzelnen Regierungen steuern und manipulieren.
Auch in den letzten Monaten verfügte die UNO ja nicht über neueste, d. h. in der Zeit ab 1998 gewonnene Aufklärungserkenntnisse, die sie als Ausgangsbasis für die Inspektionen der UNMOVIC[2] und der IAEO[3] hätte nutzen können. Stattdessen waren die Inspekteure abhängig von Geheimdiensterkenntnissen der Regierungen in Washing-

2 »United Nations Monitoring, Verification and Inspection Commission«, Sonderkommission der Vereinten Nationen, die als Nachfolgeorganisation der UNSCOM die Abrüstung von Massenvernichtungswaffen im Irak überwachen soll

3 »International Atomic Agency«, Internationale Atomenergie-Organisation

ton und London, um deren zuvor in die Welt gesetzte Behauptungen über verbotene Massenvernichtungswaffen und Rüstungsprogramme vor Ort überprüfen zu können.

Bei anderen wichtigen Fragen zum Thema Irak hatten zwar alle 15 Mitglieder des Sicherheitsrates sowie das New Yorker Generalsekretariat in den letzten zwölf Jahren einen ähnlichen Informationsstand über die Lage im Irak. Oder sie hätten zumindest die Möglichkeit gehabt, sich zu informieren. Doch entweder mangelte es am Interesse, sich bestimmte Informationen zu beschaffen bzw. aus vorliegenden Informationen Konsequenzen für das eigene Handeln zu ziehen. Oder man scheute das Risiko, politische Konflikte im Sicherheitsrat auszutragen. Insgesamt lässt sich feststellen, dass der Sicherheitsrat und auch das Generalsekretariat der UNO seit 1991 ihre Verantwortung für und Aufsichtspflicht über das UNO-Mitglied Irak in sträflicher Weise vernachlässigt haben. Sie ließen zu, dass die gesamte Irak-Politk der UNO seit dem Golfkonflikt von 1990 im Wesentlichen durch die beiden Mitgliedsstaaten USA und Großbritannien bestimmt wurden: im Sicherheitsrat, in dessen Irak-Sanktionsausschuss, in der für die humanitären Programme im Irak zuständigen Abteilung des Generalsekretariats, bei den Waffeninspektionen der UNSCOM[4] zwischen 1991 und 1998 sowie bei der Durchsetzung der beiden Flugverbotszonen im Irak. Auf diese Weise verwandelten sich die im August 1990 noch berechtigten Sanktionen der UNO in drakonische Strafmaßnahmen gegen das irakische Volk.

4 »United Nations Special Commission«, Sonderkommission der Vereinten Nationen, die von 1991 bis 1998 die Abrüstung von Massenvernichtungswaffen im Irak überwacht hat.

Kommen wir zur so genannten Waffenstillstands-Resolution 687, die der UNO-Sicherheitsrat Anfang April 1991, nach Ende des Golfkrieges, verabschiedete. Kritiker behaupten, diese Resolution enthalte über die Feststellung des Waffenstillstandes hinaus überzogene Auflagen für den Irak. Teilen Sie diese Kritik?

Zumindest waren die Abrüstungsforderungen des Sicherheitsrates eine große Überraschung für Bagdad.

Inwiefern?

Weil in den Vorkriegsresolutionen 661 und 678 lediglich der Abzug der irakischen Besatzungstruppen aus Kuweit gefordert worden war. In Bagdad war man der Auffassung, wenn diese Bedingung erfüllt ist, dann würden auch die Wirtschaftssanktionen aufgehoben. Mit einer Fortführung der Wirtschaftssanktionen – verbunden mit der Forderung nach Abrüstung atomarer, chemischer und biologischer Waffen sowie von ballistischen Raketen unter internationaler Kontrolle –, wie vom Sicherheitsrat in Resolution 687 beschlossen, hatte in Bagdad niemand gerechnet.

Damit beschreiben Sie die subjektive Wahrnehmung der Iraker. Aber warum hat der Sicherheitsrat die Forderung nach Abrüstung erst in der Resolution 687 erhoben? Haben die Mitglieder des Rates denn erst während des sechswöchigen Golfkriegs herausgefunden, dass der Irak über bestimmte Waffen und Rüstungsprogramme verfügt?

Nein, sicherlich nicht. Denn mit den USA, Großbritannien, Frankreich, China und der Sowjetunion/Russland sind – mit Ausnahme Deutschlands – ja alle Länder, aus denen die umfangreichsten und wichtigsten Zulieferungen zum irakischen Rüstungsprogramm der 80er Jahre kamen, als stän-

dige Mitglieder im Sicherheitsrat vertreten. Und diese Zulieferungen erfolgten in den meisten Fällen mit Wissen, Duldung und oftmals sogar mit Lizenzen und aktiver Förderung der jeweiligen Regierungen. Die Sowjetunion hatte der irakischen Regierung die Scud-Raketen geliefert, die Bagdad dann nach einer Reichweitenverlängerung während des Golfkriegs gegen Israel einsetzte. Aus den USA – neben Deutschland der wichtigste Zulieferer zu den irakischen Entwicklungsprogrammen für Massenvernichtungswaffen – erhielt Bagdad Milzbrand-Erreger (Anthrax) und andere Grundstoffe zur Entwicklung von biologischen und chemischen Waffen sowie Bauteile für Atombomben. Der heutige US-Verteidigungsminister Donald Rumsfeld war 1983/84 als Sonderbeauftragter von Präsident Ronald Reagan für den Mittleren Osten ein willkommener Gast in Bagdad und zeigte sich bei seinen Besuchen auch öffentlich im freundlichen Gespräch mit Saddam Hussein. Sogar beim Einsatz der chemischen Waffen im Krieg gegen den Iran erhielt das Regime von Saddam Hussein aktive Unterstützung aus den USA: Das Pentagon stellte den irakischen Streitkräften Zieldaten aus seiner Satelliten-Überwachung in der Golfregion zur Verfügung. Die »Washington Post« hat Ende Dezember 2002 den Umfang und die Bedeutung der US-amerikanischen Rüstungslieferungen in den Irak in den 80er Jahren sowie die große Nähe der beiden Regierungen von Roland Reagan und George Bush sen. zu der Regierung von Saddam Hussein noch einmal ausführlich dargestellt.
Zumindest die fünf ständigen Mitglieder des Sicherheitsrates wussten also auf Grund ihrer eigenen Rüstungskooperation mit Bagdad schon vor der irakischen Invasion in Kuweit im August 1990 und keineswegs erst nach Ende des Golfkrieges im Frühjahr 1991 von der Existenz bestimmter Waffensysteme im Irak. Und auch die Lieferungen aus Deutschland waren bereits Ende der 80er Jahre nicht nur den Geheimdiensten der USA, Großbritanniens

und Frankreichs bekannt, sondern auch Gegenstand von Medienveröffentlichungen.
Warum der Sicherheitsrat trotz dieses umfangreichen Wissens die Forderung nach Abrüstung erst nach Ende des Golfkriegs erhoben hat? Ich glaube, die erste Forderung war einfach, der Irak muss sich aus Kuweit zurückziehen. Ob die Resolutionen 661 und 678 sich auf diese Forderung beschränkten, weil die Invasion ein derart eklatanter Völkerrechtsbruch war, oder ob zumindest einige Sicherheitsratsmitglieder von Anfang an bereits weitere Stufen im Blick gehabt haben – darüber kann ich nur spekulieren.

Aber in der Sache halten Sie die Forderung nach Abrüstung der Massenvernichtungswaffen für richtig?

Natürlich. Wobei daran zu erinnern ist, dass die Resolution 687 nicht nur die Forderung nach Abrüstung der irakischen Massenvernichtungswaffen enthält, sondern in Artikel 14 auch das wichtige Ziel eines von Massenvernichtungswaffen freien Mittleren Ostens proklamiert. Das meint im Klartext natürlich auch die Verschrottung der israelischen Atomwaffen, von denen mit Sicherheit bekannt ist, dass sie existieren, wie auch die Vernichtung mutmaßlicher Massenvernichtungsmittel bzw. die Einstellung entsprechender Rüstungsprogramme in verschiedenen arabischen Staaten. Von diesem bedeutsamen Ziel war aber zumindest bei den beiden ständigen Sicherheitsratsmitgliedern USA und Großbritannien schon bald nach Verabschiedung der Resolution 687 nicht mehr die Rede. Und auch Frankreich, Russland und China zeigten für dieses Vorhaben damals kein aktives Engagement.
Was sich im Nachhinein als fatal für die irakische Bevölkerung herausgestellt hat, ist die in der Resolution formulierte Verknüpfung zwischen der Forderung nach Abrüstung und den umfassenden Wirtschaftssanktionen.

Warum?

Weil die umfassenden Sanktionen, wenn auch nicht ausdrücklich, so doch de facto, auf unbegrenzte Zeit verhängt wurden. Die Resolution 687 enthält keine Regelung, wonach die umfassenden Sanktionen in regelmäßigen Abständen – zum Beispiel alle sechs Monate – durch einen neuen Mehrheitsbeschluss des Rates verlängert werden müssen. Stattdessen können die Sanktionen nur mit einem Mehrheitsbeschluss aufgehoben werden – und diesen Mehrheitsbeschluss können die USA oder auch jedes andere ständige Mitglied des Rats durch ihr Veto verhindern. Zugleich ist die Resolution sehr unsauber formuliert hinsichtlich der Bedingungen, die Bagdad erfüllen muss, bevor die Sanktionen aufgehoben werden. Da heißt es im englischen Original der Resolution: »Iraq must have cooperated in all respects.« Auf Deutsch: »Der Irak muss in jeder Hinsicht kooperiert haben.« Das ist ein »Alles oder Nichts«-Konzept, das den Strafcharakter der Sanktionen unterstreicht. Der Sicherheitsrat hätte Bagdad ja auch positive Anreize bieten und beschließen können, dass Sanktionen schrittweise aufgehoben werden, jeweils im Gegenzug zur schrittweisen Erfüllung der Abrüstungsauflagen durch Bagdad.
Die Formulierung »muss in jeder Hinsicht kooperiert haben« ist ungenau und daher auslegbar. Die Amerikaner argumentieren, diese »constructive ambiguity« (konstruktive Zweideutigkeit) bei der Formulierung von Resolutionen habe ihnen beziehungsweise dem Sicherheitsrat geholfen, zu einem Konsens in der Irakfrage zu finden. Tatsächlich hat diese »constructive ambiguity« in erster Linie den USA geholfen, weil damit immer wieder die Möglichkeit bestand zu der Feststellung, der Irak habe nicht voll mit der internationalen Gemeinschaft zusammengearbeitet und nicht alle Auflagen der Sicherheitsrats-Resolutio-

nen erfüllt. Mit dieser Behauptung wird jetzt seit mehr als zwölf Jahre verhindert, dass die Wirtschaftssanktionen aufgehoben oder wenigstens gelockert werden. Auch eine Umwandlung der umfassenden Sanktionen in zielgerichtete Maßnahmen (so genannte intelligente Sanktionen), die die Regierung treffen, aber nicht mehr länger das ganze irakische Volk in Geiselhaft nehmen und bestrafen, wurde so verhindert.

Die »constructive ambiguity« ist ein Kernstück der wesentlich von den Regierungen der USA und Großbritanniens bestimmten Politik des UNO-Sicherheitsrates. Immer wird versucht, Beschlüsse so ungenau zu formulieren, dass man sie dann so auslegen kann, wie es politisch aus bilateraler Sicht sinnvoll erscheint.

Die »constructive ambiguity« ist also nicht das zwangsläufige Ergebnis der Suche nach Kompromissen zwischen Mitgliedern des Sicherheitsrates mit unterschiedlichen Positionen, sondern dahinter steckt eine Absicht?

Ich sehe absolut eine Absicht dahinter. Es ist eine Schwäche der internationalen Struktur, dass es um den Konsens geht, eine Resolution im Sicherheitsrat zu verabschieden, aber nicht um den Konsens darüber, welche Maßnahmen eine objektive und völkerrechtlich akzeptable Lösung eines Konfliktes erbringen können. Mit diesen unsauber und zweideutig formulierten Resolutionen hatten sich die Amerikaner und Briten – die die Hauptakteure bei der Formulierung sämtlicher Irak-Resolutionen seit August 1990 waren – ein Werkzeug geschaffen, das man missbrauchen kann. Und es wird bis heute missbraucht.

Für die irakische Bevölkerung hatte die Waffenstillstands-Resolution 687 vom April 1991 katastrophale Auswirkungen. Die Resolution wurde zur Grundlage für einen wirtschaftlichen Krieg gegen das irakische Volk – sozusagen ein zwölfjähriger Vorkrieg zum heißen Krieg mit militärischen Mitteln. Das Volk wurde bestraft für einen Diktator, den es nicht loswerden konnte. Und zugleich haben diese Sanktionen das Regime gestärkt.

Diese Entwicklung der letzten zwölf Jahre war ja bereits bei den Beratungen über den Text der Resolution 687 im März 1991 befürchtet worden – zumindest von einigen Mitgliedern des Sicherheitsrates, die deswegen auch Bedenken gegen bestimmte Formulierungsvorschläge der USA vorbrachten. Warum haben sie sich mit diesen Bedenken damals nicht durchgesetzt?

Weil die Bush-Administration bei den Beratungen über die Resolution 687 – wie schon bei den Diskussionen über die Kriegsermächtigungsresolution 678 vom November 1990 – einen immensen Druck auf die anderen Ratsmitglieder ausgeübt hat. Der damalige Außenminister James Baker hat dies später in seinen Memoiren sehr deutlich beschrieben: »Ich habe mich persönlich mit all meinen Amtskollegen aus dem Sicherheitsrat getroffen in einem sehr komplexen Prozess, um durch Schmeicheleien, Überzeugungsarbeit, Druck und gelegentlichen Stimmenkauf die Mehrheit sicherzustellen.«[5] Weitere offizielle Äußerungen dieser Art liegen von amerikanischen Politikern bislang nicht vor. Allerdings hat der amerikanische UNO-Botschafter Thomas Pickering unmittelbar nach der Abstimmung über die Kriegsermächtigungs-Resolution 678 am 29. November 1990, bei der Jemen trotz vorausgegangenen massiven Drucks aus Washington mit »Nein« votierte, zu seinem jemenitischen Amtskollegen Abdallah Saleh al-Ashtal gesagt: »Dieses war die teuerste Nein-Stimme, die Sie je abgegeben haben.« Zwei Tage später

5 James Baker, »The Politics of Diplomacy«, Washington, D.C. 1995

strich die Administration von George Bush sen. dem Jemen, dem ärmsten arabischen Land, ein Hilfsprogramm von 70 Mio. US-Dollar. Die Episode ist der Nachwelt überliefert, weil die Mikrofonanlage im Saal des Sicherheitsrates nach der Sitzung noch nicht abgeschaltet war. So konnten einige Journalisten die Äußerung des US-Botschafters live mit anhören.[6] Bei den Beratungen über die Resolution 1441 vom 8. November 2002 geriet der UNO-Botschafter aus Mauritius wegen seiner Bedenken unter massiven Druck. Er wurde von seinem Außenminister nach Hause zitiert und angewiesen, den amerikanischen Vorstellungen für die Resolution 1441 zuzustimmen. Der Hintergrund: Im US-amerikanischen Kongress war im Jahr zuvor ein Gesetz zur wirtschaftlichen Unterstützung afrikanischer Staaten verabschiedet worden. Darin heißt es ausdrücklich: »Kein Land darf finanzielle Leistungen erhalten, das Aktivitäten unternimmt, die den nationalen und außenpolitischen Interessen der USA entgegenstehen.« Der Druck Washingtons auf die anderen Ratsmitglieder war bei den Irak-Beschlüssen der letzten zwölf Jahre brutal. Die USA lassen einen demokratischen Prozess im höchsten Entscheidungsgremium der UNO nicht zu.

Aber es gab doch schon bald nach Verabschiedung der Resolution 687 das Angebot der UNO für humanitäre Hilfe im Rahmen eines Programms »Öl für Nahrungsmittel«.

Das ist richtig. Aber die Iraker reagierten damals – auch unter dem Eindruck der bösen Überraschung über die mit Abrüstungsauflagen verknüpfte Verlängerung der Wirtschaftssanktionen in Resolution 687 – mit einer Mischung aus Stolz, Trotz und verzweifelter Hoffnung. Sie sagten:

6 Zit. nach Phyllis Bennis, »Calling The Shots – How Washington Dominates Today's UN«, New York 1996

Warum sollen wir ein humanitäres Programm akzeptieren, das von den Vereinten Nationen durchgeführt, aber von uns bezahlt wird? Das wollen wir nicht. Und dann vergingen vier Jahre bis Mai 1995, in denen zwischen der UNO und Bagdad über ein humanitäres Programm gefeilscht wurde. Parallel dazu versuchten die Vereinten Nationen mit Spendenappellen internationale Ressourcen zu mobilisieren, um die Versorgung der irakischen Bevölkerung sicherzustellen. Das Ergebnis dieser Spendenappelle war beschämend. In sieben Aufrufen zwischen 1991 und 1995 bat die UNO die internationale Staatengemeinschaft um insgesamt 1,4 Milliarden US-Dollar. Erhalten hat sie nur 430 Millionen Dollar, weniger als ein Drittel der benötigten Minimalsumme. Inzwischen zeigten die Sozialindikatoren, dass sich unter den Bedingungen der anhaltenden Wirtschaftssanktionen und angesichts der im Krieg teilweise zerstörten zivilen Infrastruktur des Landes immer deutlicher eine menschliche Katastrophe abzeichnete. In einem Land, das mit seinem ausgezeichneten Gesundheitssystem einst zu den höchstentwickelten der so genannten Dritten Welt gehörte, war die Sicherung minimaler Lebensbedürfnisse für einen wachsenden Teil der Bevölkerung nicht mehr gesichert.

Todesfälle und schwere Erkrankungen wegen fehlender Nahrungsmittel und Medikamente und wegen verschmutzten Wassers häuften sich. Die Unterernährung der Bevölkerung – besonders bei Kindern unter fünf Jahren – wurde so dramatisch, dass private humanitäre Organisationen wie Care oder Caritas sowie Hilfsorganisationen des UNO-Systems wie das Kinderhilfswerk Unicef oder die Weltgesundheitsorganisation (WHO) immer dringender dazu aufriefen, Abhilfe zu schaffen. Schließlich kamen der UNO-Sicherheitsrat und die irakische Regierung im Mai 1995 überein, ein humanitäres Programm mit einem Minimum an festgelegten Ressourcen zu vereinbaren. Aber bis mit der Umsetzung des Programms »Öl für Nahrungsmittel« am 16. Dezember 1996 begonnen wurde, vergingen noch einmal anderthalb Jahre, in denen viele Iraker ihr Leben verloren oder sich schwere Erkrankungen zuzogen.

War das Programm »Öl für Nahrungsmittel« auch ein Ausdruck des schlechten Gewissens der internationalen Gemeinschaft wegen der Folgen der in ihrem Namen verhängten Wirtschaftssanktionen gegen den Irak?

Das schlechte Gewissen wird im Sicherheitsrat sicher vorhanden gewesen sein. Die internationale Gemeinschaft hatte jedoch kein konkretes Wissen über die Lage im Irak und wodurch sie hervorgerufen worden war. Man sah schlimme Kriegsbilder aus Kuweit, man sah in den ersten Monaten nach dem Ende des Golfkrieges schlimme Bilder aus dem Irak, man war verwirrt. Aber im Sicherheitsrat wusste man es besser. Die Entscheidung, 1995 ein Programm »Öl für Nahrungsmittel« aufzulegen, kam vier Jahre zu spät. Der Sicherheitsrat hätte angesichts der unnachgiebigen Haltung der Iraker nach der Resolution 687 dringend Schritte unternehmen müssen, um das Wohlergehen der Zivilbevölkerung dauerhaft zu gewährleisten. Bis heute kann ich nicht verstehen, warum die UNO zugelassen hat, dass auch die irakischen Kinder von den Wirtschaftssanktionen schwer betroffen wurden. Man hätte ein Programm der Finanzierung von Nahrungsmitteln, Sonderspeisung für Kleinkinder, ein Bildungsbudget für die Schulkinder schaffen können – ohne Schwierigkeiten. Dass dies alles nicht geschehen ist, unterstreicht den Strafcharakter der Sanktionen. Eine Bevölkerung wurde dafür zur Rechenschaft gezogen, dass sie einen Diktator erdulden musste. Eine seltsame Logik: Man wird bestraft, weil man jemanden hat, den man eigentlich nicht haben will, aber es wird erwartet, dass man ihn los wird, aber man kann es nicht.

Etwas provokativ: Als wir Deutsche den Zweiten Weltkrieg verloren hatten und unser Diktator nicht mehr da war, haben wir massive Marshallplan-Hilfe bekommen. Die Iraker bekamen – nach dem verlorenen Golfkrieg – Sanktionen, weil sie ihren Diktator nicht losgeworden waren, und zwar umfassendste Wirtschaftssanktionen an Stelle eines gezielten Militärembargos und Kontrollen aller Einfuhren.

Wurde durch das Programm »Öl für Nahrungsmittel« denn nun die Lage der Bevölkerung verbessert?

Gerade die humanitären und Hilfsorganisationen innerhalb und außerhalb des UNO-Systems erwarteten fest, dass sich mit einer finanziell gesicherten Lebensversorgung die katastrophale Lage der irakischen Bevölkerung deutlich verbessern würde. Nur hat sich dann bei der Festlegung wichtiger Einzelheiten des Programms im Sicherheitsrat doch wieder der Strafansatz durchgesetzt. In den ersten drei Phasen des Programms »Öl für Nahrungsmittel« von Dezember 1996 bis Juni 1998 standen der Regierung in Bagdad für die Versorgung der Bevölkerung im gesamten Land jeweils pro Halbjahr nur 1,3 Milliarden Dollar zur Verfügung – bei einer Bevölkerung von damals über 21 Millionen Menschen waren das 118 Dollar pro Kopf und Jahr. Davon mussten Medikamente, Nahrungsmittel, Elektrizität, Wasserversorgung und Ausbildung finanziert werden. Man kann mit 118 Dollar pro Kopf für 365 Tage wohl kaum ein menschenwürdiges Leben gewährleisten. Das sind 32 Cent pro Tag. Menschen, die pro Tag weniger als einen Dollar zur Verfügung haben, leben nach offizieller Definition der UNO in absoluter Armut.
Inzwischen sind die Einnahmen für die humanitären Programme infolge höherer Ölpreise angestiegen, sodass in der letzten, im Dezember 2002 beendeten Halbjahres-

phase jährlich 188 Dollar pro Kopf der mittlerweile auf 23 Mio. angewachsenen Bevölkerung zur Verfügung standen.

Aber Irak hat in den ersten drei Sechs-Monats-Phasen doch nicht nur Öl im Wert von jeweils 1,3 Milliarden US-Dollar verkauft, sondern von jeweils 2,6 Milliarden Dollar.

Das ist richtig. Doch nach den vom Sicherheitsrat festgelegten Bestimmungen erhielt Bagdad für die Versorgung der Menschen in der Zentralregion und im Süden zunächst lediglich 54, später 59 Prozent der Erlöse aus den Öl-Einnahmen, um damit humanitäre Güter und Ersatzteile für die Reparatur lebenswichtiger Infrastruktur wie z. B. Trinkwassersysteme einkaufen zu können. 30 Prozent der Erlöse aus dem Ölverkauf gingen an den Irak-Kompensationsfonds der UNO in Genf. Im Jahr 2000 wurde diese Quote auf 25 Prozent reduziert. Aus diesem Fonds werden Firmen, Regierungen und Einzelpersonen für Verluste entschädigt, die sie infolge der Invasion Iraks in Kuweit erlitten haben. Es wäre völkerrechtlich und auch ethisch-moralisch ohne weiteres akzeptabel gewesen, zunächst einmal nur geschädigten Einzelpersonen eine Kompensation zukommen zu lassen – darunter ja auch viele palästinensische, indische, pakistanische und philippinische Gastarbeiter in Kuweit, die infolge der irakischen Invasion ihre Arbeit und ihren Besitz verloren hatten. Aber die Kompensation für Firmen und Regierungen – deren Entschädigungsanträge über 80 Prozent der dem UNO-Fonds in Genf vorliegenden Ansprüche in Höhe von rund 330 Milliarden US-Dollar ausmachen – hätte man verschieben müssen auf die Zeit nach Aufhebung der Wirtschaftssanktionen gegen den Irak. Dann hätte der Sicherheitsrat auch nicht den hohen Anteil von 30 Prozent der Öleinnahmen für den Kompensationsfonds festlegen müssen.

Zusätzlich zu den 30, später 25 Prozent Abgaben an den Kompensationsfonds sind weitere 13 Prozent der Erlöse aus den Ölverkäufen ausschließlich für den de facto autonomen kurdischen Norden des Irak bestimmt. Drei Prozent der Erlöse behält die UNO ein zur Finanzierung ihrer Arbeit im Irak.
Das, was 1996 mit dem Programm »Öl für Nahrungsmittel« für den humanitären Bereich zur Verfügung gestellt wurde, kann nur als Bestrafung gewertet werden und ist daher auch völkerrechtlich anfechtbar. Obwohl im Jahre 1999 der Wert der bis dahin tatsächlich im Irak angekommenen humanitären Güter nicht wesentlich über dem Betrag von 1996 lag, erklärte John Cunningham, amerikanischer Botschafter bei der UNO, am 6.Dezember 1999 im Sicherheitsrat, seine Regierung sei mit dem Programm »Öl für Nahrungsmittel« zufrieden.
Die Kindersterblichkeit ist in den letzten zwölf Jahren im Irak enorm angestiegen. Nach Angaben von Unicef sind seit 1991 mehr als 550.000 Kleinkinder im Alter von bis zu fünf Jahren gestorben, weil sie infolge der Sanktionen nur eine völlig mangelhafte Ernährung und medizinische Versorgung erhielten.

Madeleine Albright, bis Ende 2000 Außenministerin der USA, hat 1996 in einem Fernsehinterview erklärt, der Tod von über einer halben Million sei ein »angemessener Preis« für die Aufrechterhaltung der Wirtschaftssanktionen.[7]

---

7 Madeleine Albright gab in der US-Fernsehsendung »60 Minutes«, NBC, Mai 1996, auf die Frage »If the death of more than half a million children would be the price we have to pay ...« die Antwort: »We think, the price is worth it.« (»Wenn der Tod von mehr als einer halben Million Kinder der Preis wäre, den wir zu zahlen hätten ...« – »Wir meinen, das ist ein angemessener Preis.«)

Ich kann einfach nicht glauben, dass die Außenministerin eines Landes wie Amerika einen solchen Satz bewusst ausspricht. Aber Frau Albright hat diesen Satz gesagt, und wir haben es alle gehört. Offenbar war schon die damalige amerikanische Regierung überzeugt, dass jeder Preis für ihre Politik gegenüber dem Irak gerechtfertigt ist.

Außer 550.000 Kleinkindern sind seit Anfang 1991 im Irak nach Angabe von Unicef und anderen humanitären Organisationen der UNO über eine Million Menschen im Alter von mehr als fünf Jahren an den Folgen mangelnder Ernährung und unzureichender medizinischer Versorgung gestorben. Das sind in zwölf Jahren insgesamt über 1,5 Millionen Tote – oder mehr als sieben Prozent der irakischen Bevölkerung. Umgerechnet auf Deutschland wären das 5,6 Millionen Menschen oder die gesamte Einwohnerschaft von Berlin und Hamburg. Ihr Vorgänger als UNO-Koordinator für die humanitären Programme im Irak, der Ire Denis Halliday, ist 1998 von seinem Amt zurückgetreten und hat die Sanktionen der UNO seitdem als Verstoß gegen das Völkerrecht und sogar als einen Akt des Völkermordes kritisiert. Teilen Sie diese harte Kritik?

Als ich das zum ersten Mal gehört habe, habe ich Denis Halliday angerufen und ihm gesagt, ich hätte nicht den Mut, mich so über einen Verstoß gegen die Genozid-Konvention zu äußern, wie er das getan hat. Doch ich muss zugeben: Drei Jahre nach meinem eigenen Rücktritt im März 2000 ist dies keine politische Aussage eines Einzelnen mehr, sondern eine weit bekannte empirische Tatsache. Nach den Statistiken, die Unicef jährlich über die Lebenssituation von Kindern in 188 Ländern dieser Erde veröffentlicht, sind 1990 im Irak 56 von tausend Kindern gestorben, bevor sie das Alter von fünf Jahren erreichten. 1999 starben bereits 131 von tausend Kleinkindern. Das ist eine Steigerung um mehr als 160 Prozent innerhalb von nur neun Jahren. Hinsichtlich der Entwicklung der Kindersterblichkeit lag der Irak damit unter den 188 von Unicef untersuchten Ländern auf dem letzten Rang. Zwischen 1980 und 1990 war die Kindersterblichkeit im Irak hingegen deutlich zurückgegangen. Ohne die Auswirkungen der 1990 verhängten und 1991 verlängerten Sanktionen hätte sich diese positive Entwicklung in den 90er Jahren fortsetzen können. Nach den ursprünglichen Prognosen der Unicef wären 1999 im Irak von tausend Kleinkindern nur 25 gestorben, statt 131.

Die Exekutivdirektorin von Unicef, Carol Bellamy, informierte den UNO-Sicherheitsrat 1999 persönlich über diese dramatische Entwicklung. Sie machte deutlich, dass der Anstieg der Kindersterblichkeit im Irak auf Unter- und Mangelernährung, verschmutztes Wasser und fehlende Medikamente zurückzuführen war. Das waren ohne Frage Auswirkungen der Sanktionen. Da der Sicherheitsrat trotz dieses Wissens die Sanktionspolitik fortgeführt hat, muss man davon ausgehen, dass eine Absicht vorliegt. Man kann dann auch argumentieren, dass hier Völkerrecht gebrochen wird. Die Regierungen der USA und Großbritanniens würden dies sofort und entschieden zurückweisen. Doch die Fakten liegen auf dem Tisch. Damit ist das Argument belegbar. Im Übrigen haben nicht nur mein Vorgänger Denis Halliday und ich die Folgen der UNO-Sanktionen als Völkermord und als Verstoß gegen das Völkerrecht kritisiert. Auch der ehemalige Vorsitzende der UNO-Menschenrechtskommission, der belgische Völkerrechtsprofessor Marc Bossuyt, hat den Sicherheitsrat mitverantwortlich gemacht für die Verletzung der Genozid-Konvention der UNO von 1948, der Konvention über die Rechte des Kindes sowie der beiden internationalen Pakte für wirtschaftliche, soziale und kulturelle sowie für bürgerliche und politische Menschenrechte aus dem Jahre 1966.

Sie hatten ja, als Sie im November 1998 das Amt des UNO-Koordinators für die humanitären Programme im Irak antraten, sicher schon manche kritische Einschätzung über die Lage und die Wirkung der Sanktionen gehört. Mit welchen Hoffnungen haben Sie sich überhaupt auf das Amt eingelassen? Was meinten Sie erreichen zu können?

Ich war von Anfang an überzeugt, dass das Amt des humanitären Koordinators für den Irak äußerst aufreibend ist. Dass man von der menschlichen Tragödie beeinflusst würde, das war mir klar. Bei einem Treffen mit meinem Vorgänger Halliday im Okober 1998 in Genf wurde mir deutlich, dass er sowohl von dem entsetzlichen Leiden der irakischen Bevölkerung wie auch von der ungerechten Politisierung des Programms »Öl für Nahrungsmittel« überwältigt war. Mir schien, dass es einen neuen Ansatz brauchte.
Bei meiner ersten Pressekonferenz in Bagdad am 8. November 1998 wurde ich gefragt, wie ich meine Aufgabe sehe. Ich antwortete: Meine Verantwortung steht auf zwei Säulen. Die eine Säule ist, saubere und ehrliche Arbeit als guter Manager zu leisten, und die zweite Säule ist – und da sind die Amerikaner und Engländer wahrscheinlich schon hellhörig geworden – die Verpflichtung zur Interpretation. Das heißt die Verantwortung gegenüber dem Sicherheitsrat, dem Generalsekretär und auch gegenüber der Öffentlichkeit. Als Beamter der UNO die allgemeine menschliche Situation im Irak, die Folgen der UNO-Politik wie auch die Zusammenarbeit mit den irakischen Behörden darzustellen – das sah ich als meine Aufgabe an. Ich bin also mit frischem Elan dahingegangen und habe relativ schnell festgestellt, dass eine ehrliche, offene, transparente Darstellung der tatsächlichen Situation im Irak nicht gewollt war.

Waren denn aus dem Rücktritt Ihres Vorgängers in der New Yorker UNO-Zentrale irgendwelche Konsequenzen gezogen wor-

den? Wurden Ihnen – sei es ganz offiziell oder doch zumindest informell – vom Generalsekretariat oder vom Sicherheitsrat veränderte Vorgaben für ihre Arbeit gemacht?

Leider nicht. Die Besetzung des Postens mit Denis Halliday im Jahre 1997 – zu dem Zeitpunkt war er immerhin Beigeordneter Generalsekretär der UNO – wurde nach seinem Rücktritt einfach als Fehler verbucht. Jetzt brauchte man einen Neuen, und dann hat man mich gefunden, weil ich im UNO-System bekannt war als guter Manager und weil ich bereit war, eine neue Aufgabe zu übernehmen. Sicher wird niemand auf einen solchen Posten geschickt, dessen Ernennung nicht, zumindest informell, insbesondere mit den permanenten Mitgliedern des Sicherheitsrates abgeklärt wurde. Die Amerikaner und Engländer wussten, dass ich 30 Jahre bei den Vereinten Nationen gearbeitet und in dieser Zeit große Programme geleitet hatte – unter anderem als UNO-Koordinator in Indien. Politisch wusste man im Sicherheitsrat gar nichts über mich. Dieser Umstand und meine Nationalität – man wollte nach Halliday wieder einen Europäer im Irak haben – führten dazu, dass meine Ernennung vom Sicherheitsrat akzeptiert wurde. Erst später wurde klar, wen man da hingeschickt hatte.
Als ich in Bagdad bei öffentlichen Auftritten auf meine Aufgabe und Verantwortung hinwies, über die Lage im Irak zu berichten, äußerte sich der Sprecher des Außenministeriums in Washington, James Rubin, mehrfach kritisch: Dieser Mann in Bagdad werde bezahlt, um zu arbeiten, aber nicht um zu reden. Mein Vorgänger und ich haben immer wieder die Erfahrung gemacht, dass die Regierungen in Washington und London Versuche Frankreichs und anderer Sicherheitsratsmitglieder, uns in den Rat einzuladen, um über die Situation im Irak zu berichten, sabotiert haben.

Was heißt sabotiert? Bedurfte es für eine solche Einladung eines formalen Beschlusses, den die USA und Großbritannien mit ihrem Veto verhindert haben?

Bis zu einer formalen Abstimmung im Rat, der ja immer informelle Konsultationen unter den 15 Mitgliedsstaaten vorausgehen, bei denen die Weichen gestellt werden, ist es gar nicht gekommen. So wichtig waren wir und unser Anliegen – die katastrophale Situation im Irak – nun für die anderen Ratsmitglieder auch wieder nicht. Im Ergebnis ist es den Amerikanern und Engländern über acht Jahre hinweg häufig gelungen – und gelingt es ihnen bis zum heutigen Tag –, im Rat regelmäßige Anhörungen über die Irak-Sanktionen und ihre Auswirkungen zu verhindern. Anhörungen, aus denen ja vielleicht der internationale Druck erwachsen könnte, die grausamen Strafmaßnahmen gegen das irakische Volk endlich aufzuheben und in echte intelligente Sanktionen umzuwandeln, also in gezielte Maßnahmen mit dem alleinigen Ziel, die Regierung in Bagdad zur Umsetzung der noch unerfüllten Abrüstungsauflagen aus der Resolution 687 vom April 1991 zu bewegen.

Aber Sie und Ihr Vorgänger Halliday haben aus Bagdad regelmäßig alle 90 Tage Berichte verfasst, die dem Generalsekretariat in New York und dem Sicherheitsrat doch vorlagen.

Wenn Sie sich das – genau vorgegebene – Format für die Routine-Berichterstattung des Koordinators für die humanitären Programme in Bagdad anschauen, dann werden Sie entsetzt sein. Das ist eine Vorgabe für trockene, oft rein statistische Sachbearbeiterberichte. Es geht dabei um die ganz eng begrenzte Vermittlung von Fakten über die Einfuhr und Verteilung von humanitären Gütern durch das Programm »Öl für Nahrungsmittel« in den verschiedenen Sektoren. Zwar werden Defizite in diesen Berichten

benannt. Doch politische Informationen und Analysen oder gar Bewertungen sind nicht gefragt. Ich habe mich immer wieder gegen diese enge Auslegung der Berichtsaufgaben des Koordinators ausgesprochen. Ich wollte zumindest einen Teil der Berichterstattung dazu nutzen, um dem Sicherheitsrat und dem Generalsekretariat eine Analyse der Allgemeinsituation im Irak zu vermitteln.
In diesem Punkt war ich auch immer einig mit meinen Kollegen bei den in Bagdad vertretenen Hilfsorganisationen – Unicef, Welternährungsprogramm, UNO-Entwicklungsprogramm und WHO. Wir waren alle der Meinung, dass wir die Verpflichtung hätten, mit politischen Berichten und Analysen über die Allgemeinsituation im Irak dem UNO-Sicherheitsrat dabei zu helfen, seine Aufsichtspflicht zu erfüllen. Doch solche Berichte waren in New York nicht erwünscht.

Die in New York erwarteten Berichte sollten also nur Informationen über die Aktivitäten des humanitären Programms enthalten, aber nicht über die Auswirkungen der Sanktionen?

Absolut überhaupt nicht. Die einzigen Berichte, die entsprechende Informationen enthalten, sind die Berichte von Unicef. Das UNO-Kinderhilfswerk hat unter eigener Regie seit Anfang der 90er Jahre immer wieder über die menschliche Situation im Irak berichtet und dabei – unter erheblichen Anfeindungen durch das US-Außenministerium – den Mut gehabt, darauf hinzuweisen, dass die hohe Kindersterblichkeit und die Sanktionen zusammenhängen, dass Unterernährung, die katastrophale Bildungssituation im Irak und die Zunahme des Analphabetentums eine Folge der Sanktionen sind. Wenn Bleistifte nicht in den Irak geliefert werden durften, weil sie Graphit enthalten, das laut US-Regierung auch eine militärische Verwendung haben könnte; wenn Schulbücher nicht gedruckt werden können, da die Reparatur der Druckmaschinen wegen zurückgehaltener Ersatzteile nicht möglich ist; wenn Landkarten, Atlanten, Laborgeräte und andere ganz normale Gebrauchsgegenstände für Schulen mit absurden Begründungen nicht importiert werden dürfen – dann sind das alles Hinweise darauf, dass man der Bevölkerung kein normales Leben ermöglichen will. Die Weltgesundheitsorganisation hat sich auch entsprechend geäußert, allerdings vorsichtiger. Das Entwicklungsprogramm der Vereinten Nationen hat den Mut aufgebracht, über die Situation der Kinder, der Frauen, der Universitäten zu berichten. Aber das sind Einzelbeispiele, die man hätte bündeln müssen, damit sie eine politische Wirkung erzielen. Und da die Koordinierungsfunktion für das humanitäre Programm im Irak ja bei den Vereinten Nationen selbst liegt, wäre diese Bündelung die wichtigste Aufgabe und Verpflichtung des humanitären Koordinators vor Ort. Doch man verhinderte, dass mein Vorgänger und ich diese Aufgabe und Verpflichtung erfüllen konnten. Und meine beiden Nachfolger haben dies erst gar nicht mehr versucht.

Sie sagen, für Ihre Berichte aus Bagdad war ein enges Format vorgegeben. Wer war denn für diese Vorgabe verantwortlich?

Das Format wurde in dem Büro für das Irak-Programm (Office of Iraq Programme, OIP) im New Yorker Generalsekretariat festgelegt. Und hier liegt ein zentrales Strukturproblem, das erhebliche politische Auswirkungen hat. Im Unterschied zu allen anderen humanitären Programmen, die die UNO und ihre Unterorganisationen weltweit durchführen, ist das humanitäre Programm für den Irak nicht dem Büro des UNO-Koordinators für humanitäre Angelegenheiten in New York zugeordnet worden, das damals von UNO-Untergeneralsekretär Sergio de Mello geleitet wurde. Damit können die Erfahrungen, die die Vereinten Nationen bei anderen humanitären Programmen gesammelt haben – auch mit den Auswirkungen von Sanktionen –, für das Irak-Programm nicht genutzt werden. Es gibt viele Indizien, dass das Büro für das Irak-Programm ganz bewusst als eigenständige Einheit geschaffen wurde. In dem Büro für das Irak-Programm sitzen an zentralen Schaltstellen Beamte – gerade auch aus den USA und aus Großbritannien –, die ganz offensichtlich die Interessen ihrer jeweiligen Regierung verfolgen. Der Hauptanalytiker im Büro für das Irak-Programm kommt zum Beispiel aus dem englischen Verteidigungsministerium. Auf diese Weise passieren Dinge, die in einer auf gutes Management und Effizienz ausgerichteten Institution undenkbar wären. Dies hat die Arbeit zusätzlich erschwert. Zum Beispiel waren über die Hälfte der 800 UNO-Beamten, die für das Programm »Öl für Nahrungsmittel« vor Ort in Bagdad arbeiteten, nicht mir direkt unterstellt, sondern dem Irak-Büro in der New Yorker Zentrale. Als ich dies Generalsekretär Kofi Annan berichtete, war dieser genauso überrascht und entsetzt wie ich und versprach sich darum zu kümmern, dass dieser unhaltbare Zustand geändert wird. Doch diese Veränderung fand bis zu meinem Rücktritt nicht statt. Aus dem Irak-Büro in der New Yorker Zentrale wurde ihm erklärt, meine Darstellung sei falsch.

Hat die Irak-Abteilung der New Yorker Zentrale denn versucht, Einfluss auf Ihre regelmäßigen Berichte an den Sicherheitsrat zu nehmen?

Ja, und zwar ganz massiv. Jedes Mal, wenn bei mir die Abfassung eines Berichts anstand, wurde eigens ein Team aus New York nach Bagdad geschickt. Dieses Team wollte die Tendenz meiner Berichterstattung festlegen. Es kam zu mächtigen Reibereien zwischen mir und den angereisten Kollegen. Ich habe ihnen klar gemacht, dass die Leitung der Berichterstattung in meinem Büro in Bagdad liegt und nicht in New York. Und dass ich verantwortlich zeichne für das, was aus Bagdad über das »Öl für Nahrungsmittel«-Programm berichtet wird. Das hat man dann jedes Mal nur sehr unwillig akzeptiert, aber die Berichte wurden in New York – bevor sie schließlich dem Sicherheitsrat vorgelegt wurden – noch einmal redigiert.

Wer hat denn die Struktur für das Irak-Programm der UNO, wie Sie sie beschrieben haben, geschaffen? War das der Sicherheitsrat?

Der Sicherheitsrat hat – auch hier weitgehend dominiert von den USA und Großbritannien – die politischen Grundentscheidungen getroffen. Und leitende Beamte aus dem Büro des Irak-Programms – darunter wie gesagt an einflussreichen Positionen Amerikaner und Briten – haben diese Entscheidungen umgesetzt. Wenn die Sache sich vernünftig entwickelt hätte, wäre ein intensiver Dialog zwischen einem großen Team der Vereinten Nationen im Irak – wir waren immerhin über 800 internationale Beamte und über 1200 Iraker, die im Dienste der Vereinten Nationen dort gearbeitet haben – und der New Yorker Zentrale zustande gekommen. Doch dazu ist es nie gekommen. Es herrschte immer eine harte, kompromisslose Diktatur des Büros für das Irak-Programm in der New Yorker Zentrale. Diese hierarchische, diktatorische Management-Realität war – zumindest in den Jahren 1997 bis 2000, in denen mein Vorgänger Halliday und ich in Bagdad gewesen sind – der politisch für das Irak-Programm zuständigen Stellvertretenden UNO-Generalsekretärin Louise Fréchette und Generalsekretär Kofi Annan nicht im Einzelnen bekannt. Obwohl sich durch diese Struktur Tendenzen entwickelten, die absolut nicht im Interesse der UNO, die sich politisch neutral verhalten sollte, liegen konnten.

Im Frühjahr 1999 hat es dann eine Anhörung über die Situation im Irak gegeben.

Ja, nachdem die Präsidenten des Sicherheitsrates mehrfach darauf hingewiesen hatten, dass der Sicherheitsrat seiner Aufsichtspflicht nicht nachkam, gab es im Frühjahr 1999 endlich die Entscheidung, den brasilianischen Botschafter bei den Vereinten Nationen, Celso L. N. Amorim, zu beauftragen, drei unabhängige irakbezogene Panels zu leiten: über vermisste Kuweitis, über die Frage der Massenvernichtungswaffen und über die menschliche Situation. Ich konnte vor diesem dritten Panel Bericht erstatten. Das war für mich die erste Gelegenheit – immerhin war ich zu dem Zeitpunkt schon ein Jahr in Bagdad –, über die allgemeine Situation und über die Folgen einer – wie ich das inzwischen einschätzte – falschen internationalen Politik zu berichten. Ich bezog mich dabei auf eine sorgfältig vorbereitete gemeinsame Studie der im Irak vertretenen UNO-Organisationen, in der Angaben über alle wichtigen Bereiche des Lebens, darunter auch über die steigende Zahl der psychisch erkrankten Kinder verzeichnet waren. Diese Zahl war nach Untersuchung der Weltgesundheitsorganisation von 220.000 im Jahre 1990 auf über 500.000 im Jahre 1998 angestiegen. Das Panel bestand ausschließlich aus UNO-Beamten, was ich sehr enttäuschend fand. Notwendig gewesen wäre eine Mischung aus außenstehenden Spezialisten, die sich mit Sanktionsfragen auskannten, und aus UNO-Beamten. Doch so geriet das Ganze, salopp gesagt, zu einer unverbindlichen Teestunde. Aber was ich anerkennen muss, war der Mut von Botschafter Amorim. Er stellte in seinen Schlussfolgerungen aus dem Panel deutlich fest, dass nicht ausschließlich, aber doch in erheblichem Maße die Sanktionen für das Leid der irakischen Bevölkerung verantwortlich sind.
Die Tragik ist, dass Amorims Schlussfolgerungen, genauso wie ähnliche Feststellungen der in Bagdad vertretenen

UNO-Sonderorganisationen und meine eigenen Berichte, vom Sicherheitsrat ignoriert wurden. Es passte 1999 einfach nicht in die Politik der großen Mächte im Sicherheitsrat, das im Amorim-Bericht und bereits zuvor in der UNO-Abteilung für humanitäre Angelegenheiten diskutierte Konzept der intelligenten Sanktionen umzusetzen. Der Sicherheitsrat hat alle Berichte über die verheerenden Folgen der UNO-Sanktionspolitik weitgehend ignoriert. Und es wurde immer wieder die Gegenfrage gestellt: Ist für all das Elend nicht Saddam Hussein verantwortlich? Wenn er nicht in Kuweit einmarschiert wäre, wenn er nicht Massenvernichtungswaffen produziert, sondern mit den UN kooperiert hätte, dann wäre es zu alldem nicht gekommen. Der amerikanische Professor Noam Chomsky hat darauf die richtige Antwort gefunden: Man kann einen Diktator natürlich anklagen, sein Volk schlecht zu behandeln. Das ist aber keine Entschuldigung, mit einer falschen internationalen Politik dasselbe zu tun.

Washington und London behaupten also, Schuld an der katastrophalen Lage der irakischen Bevölkerung sei nicht das Sanktionsregime der UNO, sondern das Regime von Saddam Hussein. Die Regierung in Bagdad kooperiere nicht mit der UNO, sie behindere die Verteilung der humanitären Hilfsgüter, zweige einen Großteil der Güter ab und bereichere sich durch deren Verkauf. Auch von manchen deutschen Politikern sind immer wieder derartige Vorwürfe zu hören.

Diese Behauptungen sind völliger Unsinn und durch nichts belegt. Meine Kollegen und ich in Bagdad waren immer fassungslos angesichts solcher Vorwürfe. Im September 1999 etwa veröffentlichte das amerikanische Außenministerium eine reine Propaganda-Studie unter dem Titel »Saddam Husseins Irak«. Darin lautet die zentrale These: »Irakische Behinderungen des Programms ›Öl für Nahrungsmittel‹ und nicht die UNO-Sanktionen sind der wesentliche Grund für das Leiden des irakischen Volkes.« Berichte der Caritas, von Care und anderen Nichtregierungsorganisationen – darunter auch US-amerikanische –, die seit Jahren im Irak arbeiten, zeichnen ein ganz anderes Bild. Aber diese Berichte werden von der Regierung in Washington nicht zur Kenntnis genommen. Auch die Regierung Blair in London hat schnell verdrängt, dass im Januar 2000 das englische Unterhaus einen Irak-Bericht herausgab, der von einer Gruppe Abgeordneter aller Parteien angefertigt wurde. In diesem Bericht lautet der zentrale Satz zu den Wirtschaftssanktionen gegen den Irak: »Wir hoffen, dass niemals mehr ein Land mit derartigen umfassenden Wirtschaftssanktionen belegt wird wie der Irak.« Man hat manchmal den Eindruck, dass all das, was gesagt wurde, von Friedensgruppen, von Abgeordneten, von manchen Parteien, ignoriert wird, sobald es nicht der Linie entspricht, die man sich in den Regierungen in London und Washington ausgedacht hat.

Zur Realität des Programms »Öl für Nahrungsmittel«: Die Verteilung der in den Irak gelieferten humanitären Güter – etwa Lebensmittel und Medikamente – wird von den im Irak vertretenen UNO-Organisationen selbst durchgeführt und, soweit dabei lokale Behörden, Organisationen oder Einzelpersonen beteiligt sind, streng überwacht. Zu meiner Zeit in Bagdad lag der Anteil an den ins Land gelieferten Nahrungsmitteln, der tatsächlich auch bei den vorgesehenen Empfängern ankam, bei knapp 100 Prozent, bei Medikamenten bei über 95 Prozent. Seitdem wurden das Verteilsystem und die Kontrollen noch weiter verbessert. Problematisch ist, dass von den von der irakischen Regierung im Ausland bestellten und von den irakischen Ärzten und Krankenhäusern dringend benötigten Medikamenten weniger als 75 Prozent tatsächlich auch in den Irak gelangen. Bei medizinischen Geräten, ohne die die Krankenhäu-

ser oft lebensrettende Behandlungen und Operationen nicht durchführen können, liegt die Quote sogar nur bei knapp 50 Prozent. Und bei Geräten und Ersatzteilen für die Reparatur von Trinkwassersystemen und anderen lebenswichtigen Einrichtungen der zivilen Infrastruktur gelangt sogar nur rund ein Viertel der bestellten Waren tatsächlich in den Irak. Die Blockade der Lieferung humanitärer Güter, von denen Gesundheit und Überleben der irakischen Bevölkerung abhängen, erfolgt im Sanktionsausschuss des UNO-Sicherheitsrates in New York. Das ist der Ausschuss, dessen Vorsitz Deutschland Anfang 2003 übernommen hat. Für die Blockade einer Lieferung in den Irak ist es ausreichend, dass nur ein Mitglied des Sanktionsausschusses Einspruch einlegt. Und in 98 Prozent aller Blockaden, die seit Dezember 1996 vom Sanktionsausschuss verfügt wurden, kam dieser Einspruch von den USA. Zumeist mit der Begründung, die von Bagdad bestellten Güter – darunter Nierensteinzertrümmerer für die Krankenhäuser – seien auch militärisch verwendbar. Die restlichen zwei Prozent der Einsprüche wurden von Großbritannien eingelegt. Im Juli 2002 waren im Ausland bestellte humanitäre Güter im Gesamtwert von über fünf Milliarden US-Dollar blockiert. Diese Blockaden wichtiger humanitärer Lieferungen sind einer der wesentlichen Gründe für die katastrophale Lage der irakischen Bevölkerung und nicht, wie von Washington und London immer wieder propagandistisch behauptet, aber nie belegt, Abzweigungen, Bereicherungsversuche oder Behinderungen durch die irakischen Behörden.
Auch bei den Detailverhandlungen über die Umsetzung der jeweiligen Sechs-Monats-Phasen des Programmes »Öl für Nahrungsmittel« habe ich die irakischen Behörden immer wieder als sehr kooperativ erlebt. Sie waren ernsthaft darum besorgt, die Lage der Bevölkerung möglichst in allen humanitären Teilbereichen – Ernährung, Gesundheit,

Trinkwasserqualität, Bildung etc. – gleichzeitig zu verbessern. Das war und ist auf Grund der insgesamt sehr begrenzten Mittel nicht möglich. Ist es nun wichtiger, das Bildungsbudget aufzustocken, um endlich die katastrophalen Zustände an den Schulen zu verbessern? Oder sollten wir nicht zuerst die tägliche Mindest-Kalorienmenge bei den Nahrungsmittelprogrammen anheben? Zugleich sprachen viele gute Gründe dafür, in diesem Land der Wasserverschmutzung und Wasserknappheit – die in den letzten Jahren auch noch durch zwei extreme Trockenperioden verschärft wurde – möglichst viele der verfügbaren Ressourcen für die Verbesserung der Wasserqualität und der Trinkwasserversorgung aufzuwenden. Hier Prioritäten festzulegen erforderte immer sehr ernsthafte, oft erschöpfende Diskussionen mit dem Handelsministerium, dem Gesundheitsministerium, dem Schulministerium, dem Auswärtigen Amt oder anderen Regierungsstellen in Bagdad. Und dafür handelte man sich dann aus Washington oder anderen weit entfernten Hauptstädten oft den leichtfertigen Vorwurf ein, man habe sich vom Regime Saddam Husseins vereinnahmen lassen. Das war aber überhaupt nicht die Realität. Meine Realität und die meiner UNO-Kollegen vor Ort in Bagdad war, dass wir im Irak das vom Sicherheitsrat vorgegebene Programm »Öl für Nahrungsmittel« trotz all seiner Unzulänglichkeiten und Widersprüche möglichst effektiv und zum möglichst großen Nutzen der Zivilbevölkerung umsetzen wollten.

Washington und London begründen ihre Kritik mit dem Hinweis darauf, dass das Programm im autonomen kurdisch kontrollierten Norden, über den die Bagdader Regierung de facto keine Kontrolle mehr ausübt, sehr viel besser umgesetzt wird, und dass die Lebensverhältnisse dort viel besser sind als in der Zentralregion und im schiitischen Süden.

Das ist eines der Beispiele für den Double speak, den vor allem die USA in der Irak-Debatte immer wieder verwenden.

Was heißt »Double Speak«?

Die Aufstellung einer falscher Behauptung, von der man genau weiß, dass die Öffentlichkeit sie nicht überprüfen kann. Oder eine Aussage, die zwar ganz oder teilweise zutrifft, bei der man aber wichtige Informationen unterschlägt, ohne die die Aussage nicht zu werten ist.

Bitte konkret.

Die Feststellung, dass im kurdischen Norden beim Programm »Öl für Nahrungsmittel« bessere Ergebnisse erzielt werden als in den unter der Kontrolle Bagdads stehenden Regionen, ist zwar richtig. Der Norden weist bessere Daten auf bei der Ernährungslage, der Schulbildung und der Gesundheitssituation – insbesondere bei Epidemien. Doch die Behauptung wird zum Double Speak, wenn man die folgenden Informationen unterschlägt: Für die Versorgung des kurdischen Nordens steht – pro Kopf der Bevölkerung – deutlich mehr Geld zur Verfügung als für die beiden anderen Regionen. Auf Grund des schon seit Jahren regen Ölschmuggels über die türkische Grenze ist zudem im Norden viel Geld im Umlauf. Es werden Aufträge vergeben zum Bau von Straßen und Gebäuden. Die Türkei investiert erheblich. Auch hat das UNO-Programm im Norden bereits – anders als in den beiden anderen Regionen – eine so genannte Cash-Komponente. Das heißt, es wird Geld zum Ankurbeln der lokalen Wirtschaft zur Verfügung gestellt. Der Norden besitzt eine andere Topographie und ein sehr viel günstigeres, kühleres Klima als die beiden anderen Regionen. Die Wasserversorgung ist sehr viel besser, die Landwirtschaft viel ertragreicher. Lebensmittel und Medikamente sind einfacher zu lagern und bedürfen nicht so eines hohen Energieeinsatzes für Kühlanlagen wie im Süden und in der Zentralzone. Und auch verschmutztes Wasser ist bei 25 Grad Celsius ein vergleichsweise geringeres Problem als bei 45 Grad.

Aber der Double Speak aus Washington ist offensichtlich sehr erfolgreich. Den drei Regierungen Bush sen., Clinton und Bush jun. ist es in den letzten zwölf Jahren zumindest in hohem Maße gelungen, ihre Darstellung der Dinge als Wahrheit zu verkaufen – vor allem in der US-amerikanischen Öffentlichkeit, aber auch international. Die von Ihnen genannten Zahlen und Fakten über die Blockade humanitärer Güter durch den Sanktionsausschuss des Sicherheitsrates sind etwa in Deutschland nur einem kleinen Kreis Interessierter bekannt, offensichtlich aber nicht den politisch Handelnden in Regierung und Parlament. Haben Sie eine Erklärung hierfür?

Zumindest in Hinblick auf den Erfolg des Double Speak in der amerikanischen Öffentlichkeit sehe ich den doch sehr engen Verbund zwischen der Regierung und den wichtigsten Medien des Landes als einen Grund. Damit meine ich vor allem die drei einflussreichen Ostküsten-Zeitungen »Washington Post«, »Wall Street Journal« und »New York Times«, deren Irak-Berichterstattung und Kommentierung ich seit meiner Zeit in Bagdad regelmäßig verfolgt habe. Zeitungen, die mehr Unabhängigkeit und kritische Distanz zur Washingtoner Regierungslinie gezeigt haben, waren nach meiner Beobachtung die »Los Angeles Times« oder der »San Francisco Chronicle«. Als besonders problematisch habe ich Barbara Crossette erlebt, die langjährige Korrespondentin der »New York Times« bei der UNO. Wenn ich in New York war und eine Pressekonferenz oder ein Hintergrundgespräch für Journalisten veranstaltete, war Crossette immer da. Sie hörte, was gesagt wurde über die menschliche Situation im Irak oder über die mangelnde Effizienz des Programms »Öl für Nahrungsmittel«. Aber was man dann von ihr in der Zeitung las, waren doch immer wieder dieselben von der Administration in Washington verbreiteten Falschdarstellungen.

Das »Wall Street Journal« und auch die »Washington Post« haben mich immer wieder um Informationen gebeten. Aber diese Informationen wurden dann von den beiden Zeitungen nicht auf seriöse Weise wiedergegeben. Man hätte mich ja, ohne sich meine Darstellung zu Eigen machen zu müssen, nur korrekt zu zitieren brauchen. Meine Informationen wurden von den Journalisten dieser Zeitungen offensichtlich nur dazu genutzt, die eigenen Vorurteile zu schärfen. Ich kenne nicht einen Artikel aus den drei Zeitungen, in dem die Arbeit des Programms »Öl für Nahrungsmittel« und die Gründe für seine Unzulänglichkeiten einmal zutreffend beschrieben wurden. Die drei großen Ostküsten-Zeitungen der USA haben auch außerhalb des Landes einen nicht zu unterschätzenden Einfluss. Vor allem in Europa und in Teilen Asiens sind sie unter den meinungsbildenden Eliten in Politik, Wirtschaft und Medien stark verbreitet.

Als hingegen zum Beispiel Verteidigungsminister Donald Rumsfeld im Herbst 2002 auf einer Pressekonferenz in Washington behauptete, Mitglieder des Al-Qaida-Terrornetzwerkes bewegten sich frei im Irak und unterhielten Beziehungen zur Regierung in Bagdad, fand diese Behauptung am nächsten Tag prominenten Niederschlag auf den ersten Seiten der genannten Zeitungen – ohne Überprüfung vor Ort im Irak. Dementis oder Korrekturen dieser Falschmeldung erfolgten – wenn überhaupt – in sehr kleiner Aufmachung irgendwo auf den hinteren Seiten.

Ein Beispiel übelster Manipulation war ein Feature in der Zeitschrift »New Yorker« im Herbst 2002. Darin wurden die kurz zuvor bekannt gewordenen Giftgasexperimente einer kleinen, völlig isolierten islamistischen Gruppe im kurdischen Norden Iraks an einem Hund mit dem Chemiewaffeneinsatz von Saddam Husseins Streitkräften gegen die Kurden in Hallabjscha im März 1988 in einer Weise miteinander vermengt, dass beim uninformierten Leser der Eindruck entstehen musste, noch im Jahre 2002 habe Saddam Hussein Chemiewaffen eingesetzt. Das passte natürlich hervorragend in die Feindbildpropaganda, die die Bush-Administration seit dem 11. September 2001 betreibt, um einem Krieg gegen Irak Legitimation zu verschaffen.

Sie haben die Blockaden humanitärer Lieferungen durch den Sanktionsausschuss des Sicherheitsrates beschrieben. Nun sind Sie und Ihr Vorgänger ja regelmäßig vor dem Sanktionsausschuss aufgetreten. Konnten Sie dort keinen Einfluss nehmen?

Der Sanktionsausschuss ist kein politisches Gremium, sondern ein technischer Fachausschuss. Nur das Land, das den Vorsitz innehat – seit Anfang 2003 Deutschland –, schickt seinen Botschafter. Die anderen 14 Mitglieder des Sicherheitsrates sind durch zweit- oder drittrangige Diplomaten vertreten. Das Niveau der Diskussionen ist meist nicht sehr hoch, und der Ernst der Situation im Irak ist vom Sanktionsausschuss – zumindest während meiner Zeit in Bagdad – nie vollständig verstanden worden. Ein Beispiel. Ich berichtete vor dem Ausschuss davon, dass die Verarmung im Irak so weit fortgeschritten sei, dass junge Menschen nicht mehr heiraten würden, weil sie nicht mehr über die dafür erforderlichen finanziellen Mittel verfügten. Daraufhin meldete sich der US-amerikanische Vertreter und erklärte, in Amerika gebe es auch ein Problem mit der sinkenden Zahl der Eheschließungen. Worauf die argentinische Vertreterin ihren amerikanischen Kollegen darauf hinwies, dass die

Heiratsprobleme in den USA selbst gemacht seien, im Irak hingegen durch die Sanktionen verursacht würden.
Bei einer anderen Gelegenheit im Jahr 1999 habe ich eine dreistündige Debatte im Ausschuss mit angehört. Es ging um einen Antrag der Regierung in Bagdad auf finanzielle Unterstützung für eine Pilgerreise irakischer Muslime nach Mekka. Irak erhält wie alle anderen islamischen Staaten von Saudi-Arabien jedes Jahr eine Quote für die Zahl der Pilger, die nach Mekka reisen dürfen. 1999 waren es 20.000 irakische Pilger. Bagdad hatte beim Sanktionsausschuss beantragt, den Pilgern aus dem Haushalt des Programms »Öl für Nahrungsmittel« pro Kopf 240 US-Dollar Bargeld für Reisekosten, Verpflegung und Unterkunft auszuzahlen. Der Ausschuss hatte bereits wochenlang über diesen Antrag verhandelt und sich schließlich zu einer Ablehnung entschlossen. An dem Tag, als ich anwesend war, ging es nur noch darum, wie man den Irakern die Ablehnung nun mitteilen sollte. Einfach mit der Post oder durch Boten? Per diplomatischer Verbalnote an den irakischen UNO-Botschafter in New York? Oder sollte der Vorsitzende des Sanktionsausschusses den Botschafter persönlich aufsuchen? Das Ergebnis habe ich vergessen, aber die ganze Veranstaltung war einfach tragisch und komisch zugleich. Zum Schluss der dreistündigen Debatte warf der Ausschussvorsitzende, Botschafter Johan von Walsum, seine Hände in die Luft und stöhnte: »So vergeuden wir unsere Energie mit sehr, sehr unwichtigen Dingen wie der Art der Übermittlung eines Schreibens an die Iraker.«
Ähnliche Erfahrungen habe ich oft gemacht. Und was mich als Vertreter der UNO in Bagdad manchmal erschütterte, war, wie bürokratisch die Diskussionen waren. Zwar wurde in New York mit großer Intensität und erheblichem Zeitaufwand so mancher wichtige Einzelaspekt diskutiert, der aber mit der Gesamtsituation im Irak wenig zu tun hatte. Die Notwendigkeit grundsätzlicher Kurskorrekturen, um

den grausamen Strafcharakter der Sanktionen für die irakische Bevölkerung zu beenden, wurde – und wird bis heute – nicht begriffen.

Das heißt, auch Ihre Verbesserungs- und Korrekturvorschläge haben wenig bewirkt.

Der Versuch, Verbesserungen für das Programm »Öl für Nahrungsmittel« einzuführen, erinnert mich an ein Fußballturnier, bei dem immer dieselbe Mannschaft gewinnt. In meiner Zeit in Bagdad habe ich eigentlich immer verloren. Ein Beispiel: Wir haben versucht, dem Sanktionsausschuss klar zu machen, dass es bei Geschäftsbeziehungen üblich ist, dass der Importeur eine gewisse Vorauszahlung für die bestellte Ware an den Exporteur leistet. Doch im Falle des Iraks ist es so, dass die Regierung in Bagdad 100 Prozent des Kaufpreises entrichten muss, bevor die Ware geliefert wird. Das heißt, die so genannte Handelsklausel, die normalerweise angewendet wird, gilt für den Irak nicht. Wir haben der Regierung dann empfohlen, sie solle zunächst nur 85 bis 90 Prozent des Kaufpreises entrichten und die restlichen 10 bis 15 Prozent erst nach der Lieferung und einer Qualitätskontrolle der bestellten Ware. Der Irak nimmt Qualitätskontrollen sehr ernst. Alles, was in den Irak geliefert wird, wird von den dortigen Behörden strengen Qualitätskontrollen unterzogen. Dabei stellt sich dann heraus, dass so manche ausländische Firma meint, sie könnte dem Irak unter Ausnutzung der durch das Sanktionsregime verursachten erschwerten Rahmenbedingungen Waren schlechter Qualität andrehen und nach Erhalt 100 Prozent des Kaufpreises einfach abtauchen. Im Jahre 1999 etwa haben sechs Prozent der in den Irak gelieferten medizinischen Güter die Qualitätskontrolle nicht passiert. Das ist ein hoher Prozentsatz. Und schlechte Qualität bei medizinischen Gütern bedeutet – wie bei Nahrungsmitteln – ein Risiko für die Bevölkerung. Um den Irak und seine Bevölkerung vor dubiosen Praktiken ausländischer Firmen zu schützen, haben wir den Vorschlag gemacht, dass in den Verträgen mit ausländischen Firmen die erwähnte Klausel verankert wird, wonach Bagdad zunächst nur 85 bis 90 Prozent des Kaufpreises zu bezahlen hätte. Doch das hat der Sanktionsausschuss des Sicherheitsrates abgelehnt. Wir mussten alle Verträge neu aufsetzen.

Gab es dafür eine Begründung?

Man misstraute der Zahlungsbereitschaft des Iraks – und hegte den Verdacht, die Regierung in Bagdad könne die zunächst noch nicht geleisteten Zahlungen für sich behalten und auf diese Weise Geldvorräte anlegen.

Am allerwenigsten nachvollziehbar ist die Tatsache, dass im Irak dringend benötigte, zum Teil lebenswichtige humanitäre Güter, die zum Teil gleich nach Beginn des Programms »Öl für Nahrungsmittel« im Dezember 1996 von der Regierung in Bagdad bestellt worden waren, bis heute nicht geliefert wurden, weil die USA im Sanktionsausschuss ihren Einspruch eingelegt haben.

Allerdings, dieser Skandal ist kaum vermittelbar. Soweit es sich hierbei nicht um eine bewusste Strategie der USA handelt, spielt offensichtlich das in Washington weit verbreitete und auch immer wieder neu geschürte Misstrauen gegenüber den Fähigkeiten und Absichten der UNO und ihrer Mitarbeiter eine Rolle. Es ist auch mir nicht gelungen, dem Sanktionsausschuss klar zu machen, dass die – von Großbritannien in einigen Fällen unterstützten – Behauptungen der USA, die von ihnen blockierten humanitären Güter könnten für militärische Zwecke missbraucht werden, schlicht an der Realität vorbeigingen. Denn die UNO hat im Irak ein großes Team von Mitarbeitern und

Beobachtern, die ohne Schwierigkeiten sicherstellen können, dass zum Beispiel ein Müllabfuhrwagen nicht vom Militär, sondern von der Stadtverwaltung in Bagdad benutzt wird. Denn der Wagen wird bei der Einfuhr aus dem Ausland von der UNO inspiziert und registriert; er erhält eine Nummer, und seine weitere Verwendung wird von der UNO regelmäßig kontrolliert. Die UNO kann auch überprüfen und sicherstellen, dass ein Gerät zur Erhaltung der Wasserqualität nicht für militärische Forschungszwecke benutzt oder dass eine Röntgenanlage tatsächlich nur im Krankenhaus eingesetzt wird.
Zu meiner Zeit gab es im ganzen Land nur eine voll funktionstüchtige Röntgenanlage. Die Lieferung neuer Anlagen, die die irakische Regierung bestellt hatte, wurde – trotz all unserer Versicherungen an den Sanktionsausschuss – nie genehmigt.

Über diese Blockaden wird im Sicherheitsrat und seinem Sanktionsausschuss aber oft auch gar nicht diskutiert. Der Chef der WHO-Vertretung in Bagdad, Gulam Rabani Popal, legte im August 2000 im Sanktionsausschuss in New York eine Liste von 31 dringend benötigten medizinischen Geräten vor, deren Lieferung damals zum Teil seit über zwei Jahren blockiert war. Er bat den Sanktionsausschuss für jedes dieser 31 Geräte um eine Begründung der Blockade – und erhielt keine einzige Antwort.

Ähnliche Vorgänge kenne ich auch aus meiner Zeit in Bagdad. Nicht nur, dass den Überwachungs- und Kontrollmöglichkeiten der UNO-Mitarbeiter im Irak wenig Vertrauen entgegengebracht wird, es gab im Sanktionsausschuss auch unverständliche Entscheidungsprozesse, die den Eindruck von Beliebigkeit und Willkür vermitteln. So wurde etwa in einer Halbjahresphase des Programms »Öl für Nahrungsmittel« die Lieferung eines Ersatzteils, das

bei der Firma X aus dem Land Y bestellt worden war, vom Sanktionsausschuss blockiert. Doch in der nächsten Halbjahresphase durfte eine andere Firma exakt dasselbe Ersatzteil in den Irak liefern. Oder die Einfuhr bestimmter Güter wurde in einer Phase genehmigt, in der nächsten Phase blockiert und in der dritten Phase wieder freigegeben. Die Behandlung der Anträge von Firmen, bei denen die irakische Regierung Waren bestellt hatte, zeigt ein wenig konsistentes Bild.
Aber es ist ganz unerheblich, ob nun Willkür, Inkompetenz, zu viel Bürokratie, gezielte Interessen und Strategien bestimmter Mitglieder des Sicherheitsrates oder das mangelnde Interesse der anderen Ratsstaaten jeweils den Ausschlag für eine Entscheidung gaben: Entscheidend ist das Gesamtergebnis. Und da kann ich für meine Zeit in Bagdad nur das Resümee ziehen: Das bereits in seiner Grundanlage mit Mängeln behaftete und in seiner finanziellen Ausstattung unzureichende Programm »Öl für Nahrungsmittel« wurde alles andere als optimal umgesetzt. Der Strafcharakter der 1991 verhängten Sanktionen wurde nicht korrigiert, sondern in einigen Punkten sogar ausdrücklich unterstrichen.

Aber noch während Ihrer Zeit in Bagdad hat der Sicherheitsrat doch einige Veränderungen beschlossen, die als deutliche Verbesserungen dargestellt wurden. Im April 1999 wurde die Obergrenze für die Ölmenge, die Irak halbjährlich verkaufen darf, aufgehoben. Und in der Resolution 1284 vom Dezember 1999 stellte der Sicherheitsrat Bagdad im Falle einer Kooperation mit der neu etablierten Waffenkontrollkommission UNMOVIC die Suspendierung der Wirtschaftssanktionen in Aussicht.

Ich kann die positive Einschätzung dieser Maßnahmen nicht teilen. Zunächst zur Aufhebung der Obergrenze für die Ölverkaufsmenge im April 1999. Damals wurde vor allem auch von der Clinton-Administration verkündet, jetzt könne Irak seine Ölförderung, die Ölverkäufe und damit auch die Ressourcen für das Programm »Öl für Nahrungsmittel« erheblich steigern. Wenn es den Irakern auch künftig noch schlecht gehe – so die damalige Botschaft aus Washington –, dann sei das der beste Beweis, dass Saddam Hussein sein Volk bewusst leiden lasse. Wieder ein Beispiel für Washingtons Double Speak. Denn unterschlagen wurde die Information, dass die irakische Ölindustrie überhaupt nicht in der Lage war, ihre Fördermenge zu steigern. Die im Golfkrieg von 1991 erheblich zerstörten irakischen Ölförderanlagen konnten unter den Sanktionsbedingungen der folgenden Jahre nicht repariert werden. Neue Ölfelder durften nicht eröffnet werden. Daher konnte Bagdad über die schon vor dem Aufhebungsbeschluss erreichte Fördermenge von etwa 3,2 Millionen Fass pro Tag bis heute nie hinausgehen. Die Aufhebung der Obergrenze für die Ölförderung konnte sich also gar nicht positiv auf die Lebensbedingungen der irakischen Bevölkerung auswirken. Und der Clinton-Regierung waren diese Tatsachen sehr wohl bekannt.

Aber nach 1999 konnte Irak seine Einnahmen aus dem Ölverkauf doch deutlich erhöhen.

Das ist richtig. Der Grund für die erhöhten Einnahmen war aber nicht eine Steigerung der irakischen Ölproduktion, sondern der Anstieg des Weltmarktpreises für Öl. Im Frühjahr 1999 sackte der Weltmarktpreis zunächst einmal ab, und damit auch der Preis für irakisches Öl, der zwar an den Weltmarktpreis gekoppelt ist, aber – von der UNO so festgelegt – immer etwas darunter liegt. Irakisches Öl kostete eine Weile nur acht US-Dollar pro Fass. Ab Ende 2000 stieg der Ölpreis plötzlich sehr stark auf 22 bis 30 Dollar pro Fass. In dieser Phase verzeichnete Irak deutlich höhere Öleinnahmen als je zuvor seit Dezember 1996. 2002 sind die Ölpreise und damit auch die irakischen Öleinkünfte dann wieder deutlich gesunken. In der zwölften Halbjahresphase des Programms »Öl für Nahrungsmittel« von Anfang Juni bis Anfang Dezember 2002 sind nur 60 Prozent der zuvor von der irakischen Regierung und der UNO prognostizierten 5,08 Milliarden Dollar in die Kassen des Programms geflossen, nämlich rund drei Milliarden Dollar.

Und was ist Ihre Kritik an der Resolution 1284 vom Dezember 1999?

Diese Resolution 1284 ist ja vor allem von den USA als großer Fortschritt verkauft worden. Tatsächlich war sie aber ein Rückschritt. Und zwar in Hinblick auf die Möglichkeiten zur Aufhebung der Wirtschaftssanktionen gegen den Irak. Verhängt wurden diese Sanktionen ja in der Resolution 687 vom April 1991, in der Bagdad auch die Abrüstungsauflagen gemacht wurden. In Resolution 687 heißt es in Paragraph 22: Wenn der Sicherheitsrat von der UNO-Rüstungs-Inspektionskommission (UNSCOM) die Bestätigung erhält, dass der Irak die Abrüstungsauflagen erfüllt hat, dann können die Wirtschaftssanktionen nach 60 Tagen »aufgehoben« werden (»lifted« im englischen Original). In der Resolution 1284 ist jedoch nur noch von einer »Suspendierung« (»suspension«) der Sanktionen die Rede, falls die mit Resolution 1284 etablierte Waffenkontrollkommission (UNMOVIC) die Erfüllung der Abrüstungsauflagen durch Bagdad bescheinigt. »Aufheben« ist dauerhaft, »suspendieren« nur vorläufig. Das ist auch der Hauptgrund dafür, dass die Regierung in Bagdad die Resolution 1284 im Dezember 1999 zurückgewiesen hat. Inzwischen hat Bagdad sie lediglich indirekt akzeptiert durch die Annahme der Resolution 1441 vom November 2002, in der die

Resolution 1284 vom Sicherheitsrat noch einmal ausdrücklich bekräftigt wird.

Der Formulierungsvorschlag für die Resolution 1284, Sanktionen zu »suspendieren« statt »aufzuheben«, kam von den USA und wurde von Großbritannien unterstützt. Ist das damals ohne Diskussion im Sicherheitsrat durchgegangen?

Ganz und gar nicht. Es gab eine große, kontroverse Debatte um diesen Punkt. Insgesamt ist über diese Resolution – auf Kosten der irakischen Bevölkerung – ein Jahr lang diskutiert worden. Am Schluss ist die Resolution überhaupt nur angenommen worden, weil sich die drei vetoberechtigen Mitglieder Frankreich, Russland und China enthalten haben.

Irak hat die Resolution 1284 wegen der Formulierung »Suspendierung« statt »Aufhebung« der Wirtschaftssanktionen zurückgewiesen. Konnte der Irak seine Position vor dem Sicherheitsrat darlegen?

Nein. Und hier liegt ein grundsätzliches Problem. Der ehemalige Botschafter Deutschlands bei der UNO in New York, Professor Tonio Eitel, hat in einer Studie festgestellt, dass im Laufe der letzten zwölf Jahre die Diskussion im Sicherheitsrat zum Thema Irak fast nur noch in »informal meetings« stattfand und nicht in »public meetings«. An »informal meetings« dürfen nur die Botschafter der 15 Mitgliedsstaaten des Sicherheitsrates teilnehmen, an »public meetings« auch die Vertreter der anderen 176 Mitgliedsstaaten der UNO, also auch irakische Diplomaten. Das heißt, die Regierung in Bagdad hatte in den letzten Jahren immer seltener die Möglichkeit, ihre Position zu bestimmten Fragen vor den Mitgliedern des Sicherheitsrates darzulegen. Ebenso andere Mitgliedsstaaten der UNO, die möglicherweise die Position Iraks in bestimmten Fragen unterstützen.

Der Irak ist seit Ende des Kalten Krieges das wichtigste UNO-Thema neben den Konflikten im ehemaligen Jugoslawien. Rund 70 Resolutionen und Entschließungen hat der Sicherheitsrat seit August 1990 zum Thema Irak verabschiedet. Es geht um die umfangreichsten Wirtschaftssanktionen und die weitreichendsten Abrüstungsauflagen, die jemals von der UNO verhängt wurden, sowie inzwischen um die Frage eines möglicherweise im Namen der UNO geführten Krieges. Dennoch ist die Befassung mit diesem Thema beinahe zu einer Exklusivveranstaltung des Sicherheitsrates geworden. Wie groß der Bedarf bei den Mitgliedern der Generalversammlung ist, ihre Haltung zum Thema Irak dem Sicherheitsrat zu Gehör zu bringen, zeigte die zweitägige öffentliche Irak-Debatte des Sicherheitsrates im Oktober 2002. Bei dieser Aussprache, zu der sich der Sicherheitsrat erst auf Antrag der von Südafrika geführten Gruppe von 113 blockfreien Staaten bereit fand, meldeten sich die Vertreter aus über 80 Ländern zu Wort.

Bei vielen Irak-Resolutionen fallen zudem die unsauberen Formulierungen auf. Die Situation im Irak oder das Verhalten der Regierung in Bagdad wird oftmals nach auslegbaren, subjektiv-politischen Maßstäben beurteilt, statt nach möglichst konkreten, eindeutigen objektiv-juristischen Kriterien, die nachvollziehbar und quantifizierbar sind. Wie lässt sich zum Beispiel die vom Irak in vielen Resolutionen verlangte »Zusammenarbeit in jeder Hinsicht« messen und feststellen, wenn hierfür keine weiteren Kriterien angegeben werden? Die Iraker sagen, wir haben zusammengearbeitet – in jeder Hinsicht. Manche Mitglieder des Sicherheitsrates sehen das genauso. Andere Ratsstaaten erkennen wenigstens eine weitgehende Kooperation. Das eine oder andere Ratsmitglied hält sich in dieser Frage bedeckt. Doch die USA und Großbritannien erklären seit Jahren konsequent und zumeist ohne konkreten Beleg: »Nein, Irak hat nicht ausreichend kooperiert.« Und mit dieser Haltung bestimmen Washington und London dann jeweils die weiteren Diskussionen und Entscheidungen des Sicherheitsrates oder begründen ihre unilateralen Maßnahmen wie etwa die Luftangriffe auf irakisches Territorium.

Die Regierung in Bagdad verstoße gegen die Sanktionen, lautete immer wieder über die Jahre einer der konkreten Vorwürfe Washingtons an die Adresse Bagdads. Können Sie das aus Ihrer Beobachtung bestätigen?

Die Regierung in Bagdad hatte gar keine Wahl. Sie musste die Sanktionen brechen. Denn unter dem bestehenden Sanktionsregime bekommt die Regierung nicht einen Dollar Bargeld, um laufende Kosten zu decken. Ein weiterer Fehler des UNO-Sicherheitsrates. Oder ein bewusster Strafansatz. Der Rat hätte festlegen sollen, dass Bagdad fünf oder zehn Prozent der Erlöse aus dem Ölverkauf zur Deckung der laufenden zivilen Kosten in bar erhält. Doch lediglich im UNO-Programm für den kurdischen Norden gab es eine informelle Absprache für eine so genannte Cash-Komponente. Aber wie soll die Regierung in Bagdad ohne Bargeld die Gehälter ihrer Beamten bezahlen, wie die Infrastruktur aufrechterhalten, Krankenhäuser betreiben, Brücken reparieren? Niemand zahlt im Irak heute Steuern. Die Regierung musste also irgendwo Geld beschaffen. Und das geschah durch illegale Ölexporte über die Landesgrenzen oder durch Zuschläge, die Bagdad bei internationalen Ölhändlern erhob.
Zunächst hat sich Jordanien als Partner für den Export illegalen Öls angeboten. Mit Jordanien hat Irak ein Sonderabkommen, nach dem pro Tag 90.000 Fass Öl geliefert werden, die Hälfte davon kostenlos, die andere Hälfte zu

konzessionellen Preisen. Der größte Teil von Bagdads Einnahmen aus Sanktionsverletzungen stammte aber bis vor einiger Zeit aus dem Ölexport über die nördliche Grenze in die Türkei. Damit hat man auch die von Masud Barzani geführte »Kurdische Demokratische Partei« im Norden Iraks zufrieden gestellt wie auch die Kurden auf der türkischen Seite. Denn man hat sich das Geld geteilt wie bei der Teppichherstellung. Derjenige, der die Wolle liefert, verdient etwas, der, der den Teppich knüpft, und derjenige, der den Teppich verkauft. Genauso war es mit dem Ölschmuggel über die Grenze in die Türkei. Auch die türkische Regierung hatte einen Vorteil von dem Geschäft: Sie konnte Steuern erheben. Das lief schließlich ganz perfekt und zur Zufriedenheit aller. Bis die USA anfingen, Druck zu machen, um die Einnahmen Bagdads zu beschneiden.

Warum haben die USA, wenn sie Bagdad den Bruch der Sanktionen vorwerfen, nicht von der Türkei verlangt, den Schmuggel über die Grenze völlig zu unterbinden?

Das war ganz klar pragmatische Machtpolitik der Amerikaner. Die Türkei war nicht bereit, den USA die wichtige Luftwaffenbasis Incirlic kostenlos zur Nutzung zu überlassen. Da wurde gehandelt wie auf dem Basar. Und einer der Preise war, dass die USA beim Schmuggel billigen irakischen Öls in die Türkei und damit der Verletzung der UNO-Sanktionen ein Auge zudrücken. Die USA haben den Schmuggel damals toleriert, weil die unmittelbare Vorbereitung eines Irak-Krieges noch nicht anstand. Man hat es toleriert, um einen NATO-Verbündeten zufrieden zu stellen, der immer wieder erklärt hatte, dass er durch die seit 1990 bestehenden Wirtschaftssanktionen gegen seinen südlichen Nachbarn Irak erhebliche wirtschaftliche Verluste erlitten habe. Die Regierung in Ankara spricht von über

30 Milliarden US-Dollar. Doch seit Anfang des Jahres 2003 ist der Grenzübergang zwischen dem Irak und der Türkei wegen der Kriegsvorbereitungen der USA für Öltransporte gesperrt.
Größter Abnehmer geschmuggelten irakischen Öls ist bereits seit Anfang 2002 Syrien. Nach dem Tod von Präsident Hassaf Assad haben sich die Beziehungen der nun von seinem Sohn geführten Regierung in Damaskus zu Bagdad erheblich verbessert. Die irakisch-syrische Pipeline, die seit dem Golfkrieg von 1991 stillgelegt war, wurde wieder in Betrieb genommen. Das hat der Regierung in Bagdad viel Geld eingebracht. Der Ölschmuggel durch den Persischen Golf ist hingegen angesichts der verstärkten Kontrollen durch Kriegsschiffe der Amerikaner, Australier und Engländer immer schwieriger geworden.

Wie hoch sind denn die irakischen Einnahmen aus den Ölverkäufen nach Syrien, die Türkei und Jordanien insgesamt?

Darüber gibt es natürlich keine offiziellen Angaben. Aber die mir bekannten Schätzungen und inoffiziellen Informationen belaufen sich auf höchstens drei Milliarden US-Dollar pro Jahr. Das wären im Jahr 2002 bei 23 Millionen Einwohnern 130 Dollar pro Kopf der Bevölkerung.

Die Regierungen in Washington und London haben häufig den Vorwurf erhoben, die UNO lasse zu, dass die Regierung in Bagdad die Versorgung bestimmter oppositioneller oder ihr missliebiger ethnischer Gruppen im Norden und Süden Iraks mit humanitären Gütern behindere.

Ja, unter anderem wurde die Behauptung aufgestellt, Bagdad zweige unter dem humanitären Programm der UNO gelieferte Nahrungsmittel oder Medikamente ab und verhindere, dass zum Beispiel die Sumpfaraber im südlichen Irak

versorgt werden. Dabei werden zwei Tatsachen unterschlagen. Erstens: Sämtliche humanitären Güter kommen nur über wenige, festgelegte Einfuhrstellen – zum Beispiel den Hafen von Basra – in das Land. Die Einfuhr und die Ausladung dieser Güter werden von der UNO penibel überwacht. Das gilt auch für die Lagerhäuser, in denen humanitäre Güter vor ihrer Verteilung zwischengelagert werden. Zweitens: Auch die Verteilung wird genau kontrolliert. 300 der 800 internationalen Mitarbeiter der Vereinten Nationen im Irak haben keine andere Aufgabe, als jeden Tag durchs Land zu reisen, um vor Ort zu kontrollieren und sicherzustellen, dass die humanitären Güter die vorgesehenen Empfänger erreichen. Die UNO im Irak erstellt regelmäßig detaillierte Verteilerberichte, die genau belegen, bei wem die humanitären Güter angelangt sind. Unter diesen Bedingungen ist die Möglichkeit für die Regierung, humanitäre Güter abzuzweigen und die Versorgung bestimmter ethnischer Gruppen zu behindern, praktisch gleich null.
Neben der Sicherstellung einer gerechten Verteilung humanitärer Güter hätten wir uns gerne darum bemüht, die Beziehungen zwischen der Zentrale in Bagdad und bestimmten Regionen durch ganz praktische Maßnahmen zu verbessern. Ich sah es zum Beispiel als eine Aufgabe der Vereinten Nationen an, Kontakte zu initiieren zwischen den drei kurdischen Regionen im Norden, die unter der direkten Verwaltung der UNO stehen, und dem restlichen Teil des Landes, der von Bagdad kontrolliert wird. Man hätte durch absolut nichtpolitische Maßnahmen politische Akzente setzen können.
Ein Beispiel: Das Elektrizitätsnetz im Irak ist zum Teil auch von den Kurden zerstört worden. Der kurdisch bevölkerte Norden wollte sich nach dem Golfkrieg und den niedergeschlagenen Aufständen des Jahres 1991 von Bagdad abkoppeln. Als die Beziehungen zwischen den beiden kurdischen Parteien, der »Kurdischen Demokratischen Partei«,

KDP, unter Masud Barzani und der »Patriotischen Union Kurdistans«, PUK, unter Jalal Talabani, mit Bagdad wieder etwas besser wurden, sahen wir eine Chance, das Irakweite Elektrizitätsnetz wiederherzustellen. Das wäre für alle Beteiligten von Vorteil gewesen. Ich brachte damals aus dem nördlichen Teil Vertreter der Kurden nach Bagdad, die im Beisein und unter Vermittlung von Beamten der Vereinten Nationen mit der irakischen Zentralregierung über die Wiederherstellung eines Zentralnetzes diskutierten. Ein anderes Thema war die Entminung der kurdischen Gebiete. Hier war die Kooperation mit dem irakischen Militär wünschenswert. Diese ersten Gespräche liefen sehr gut an. Es gab bei aller anfänglichen Zurückhaltung der Kurden, die zunächst ihr eigenes Elektrizitätsnetz forderten und die Minenräumung lieber unter eigener Regie durchführen wollten, doch auf beiden Seiten Interesse an diesen Kontakten.

Die Vereinten Nationen hätten eine konstruktive Rolle spielen können bei der Verbesserung der Beziehungen zwischen Bagdad und den Kurden. Doch mir wurde vom Büro für das Irak-Programm in der New Yorker UNO-Zentrale bedeutet, das sei nicht meine Aufgabe. In einem Schreiben erklärte mir mein unmittelbarer Vorgesetzter: Ihr Vorgänger Halliday hat sich bereits beim Thema Kurden die Finger verbrannt, bitte passen Sie auf, dass Sie nicht dasselbe tun.

Auf diese Weise wurden Ansätze zu einer konstruktiven Diskussion zwischen Bagdad und dem kurdischen Norden gezielt verhindert. Dahinter stand wieder das Interesse der US-Regierung. Im so genannten Washingtoner Abkommen hatte die Clinton-Administration 1995 beide kurdischen Parteien – die sich jahrelang bekriegt hatten – und die drei Distrikte im kurdischen Norden auf eine enge Zusammenarbeit verpflichtet. Zugleich sicherten sich die USA mit dem Abkommen, das auch darauf hinauslief, die

Abgrenzung des Nordens von Bagdad zu verstärken, ihren Einfluss in der Region. Der Bewegungsspielraum, den amerikanische Spezialverbände seit Mitte des Jahres 2002 im kurdischen Norden Iraks zur Vorbereitung für einen Krieg haben, ist auch ein Ergebnis des Washingtoner Abkommens.
So sind in den letzten Jahren erfolgreich alle Ansätze und Möglichkeiten für eine Verbesserung der Beziehungen zwischen Bagdad und dem kurdischen Norden blockiert worden. Ich halte das für tragisch. Denn trotz aller Gegensätze, Widerstände und großer historischer Belastungen haben die Kurden und Bagdad immer wieder Zeichen gesetzt für eine Bereitschaft, ein neues Kapitel zu beginnen. In Bagdad gab es zu meiner Zeit sogar einen Vertreter der KDP. Zwar nur informell, aber er war dort. Und er hat Gespräche mit Vertretern der Zentralregierung geführt. Man darf auch nicht vergessen, dass die größte kurdische Stadt der Welt nicht im nördlichen Irak oder in Syrien, im Iran oder der Türkei liegt, es handelt sich dabei vielmehr um Bagdad. Es gab viele Querverbindungen zwischen den Kurden in Bagdad und den Kurden im Norden, die man für eine Verbesserung der Beziehungen hätte nutzen können. All dies ist durch die aktuellen Kriegsvorbereitungen noch mehr erschwert worden.

Wenn diese Möglichkeiten und Ansätze in den letzten Jahren verspielt oder hintertrieben wurden, was ist dann heute eine realistische Erwartung für die weitere Entwicklung?

Für die Kurden im Norden Iraks ist entscheidend, dass die derzeitigen Rahmenbedingungen erhalten bleiben. Sie wollen die Gelder aus dem Ölverkauf, die ihnen derzeit für die humanitären Programme in den drei nördlichen Distrikten Dohuk, Erbil und Sulemania zugeteilt werden, auch nach einer Beendigung der Wirtschaftssanktionen weiter erhalten. Im kurdischen Norden gibt es heute ein von der UNO unterstütztes Entwicklungsprogramm. Im zentralen und südlichen Teil unter Bagdads Kontrolle existieren entsprechende Programme bislang nicht. Die Kurden wollen ihre Lokalstrukturen aufbauen. Und die Vereinten Nationen, die für diesen Teil des Landes direkt zuständig sind – unter der Formel: »On behalf of the government of Iraq« (im Namen der Regierung Iraks) –, helfen ihnen dabei. In allen Vereinbarungen über die Zukunft des Landes sollte die internationale Gemeinschaft sehr stark darauf dringen, dass dem kurdischen Norden der Schutz, der durch die heute existierende Lokalautonomie gegeben ist, auch weiterhin zugestanden wird. Und dass auch so viele finanzielle Mittel zur Verfügung gestellt werden, wie dies bei einem gerechten Verteilerschlüssel möglich ist.

Soll es bei dem – gemessen an der Bevölkerung – überproportionalen Anteil bleiben, den der kurdische Norden derzeit aus den irakischen Ölverkaufserlösen erhält?

Nach einer Beendigung der Wirtschaftssanktionen wird es darum gehen, die Erlöse aus dem Ölverkauf entsprechend der Entwicklungs- und Wiederaufbau-Prioritäten im Land zu verteilen. Und da der kurdische Norden seit der Unabhängigkeit des Iraks immer zu schlecht weggekommen ist, wäre es durchaus zu vertreten, dass diese Region bei einem nationalen Entwicklungs- und Wiederaufbauprogramm proportional mehr Geld bekommen würde als andere Regionen des Iraks.

Sie würden also nicht sagen, dass der kurdische Norden auf Grund der Entwicklung der letzten zwölf Jahre inzwischen besser dasteht als der Süden?

Der Norden steht nur insofern besser da, als er bereits ein Wiederaufbau- und Entwicklungsprogramm in Angriff genommen hat. Aber es besteht – etwa beim Straßennetz, beim Schulwesen oder bei den Trinkwasser- und Abwassersystemen – noch immer ein Rückstand vor allem auf die Zentralregion um Bagdad.

Zur Frage der politischen Struktur des Iraks nach einem Krieg: Werden dann nicht auch im Süden Forderungen nach einer weitgehenden Autonomie laut werden?

Auch ohne einen Krieg würde die Diskussion über die Verwaltungsstruktur des Iraks weitergehen. Die Forderungen der Kurden nach einer föderativen Struktur des Iraks dürfte wahrscheinlich schon bald auch von Schiiten im Süden erhoben werden – soweit das unter der Diktatur Saddam Husseins möglich ist. Nach einem Regimewechsel werden ähnliche Forderungen sicher auch von anderen Bevölkerungsgruppen gestellt werden.

Wo liegt denn der Unterschied zwischen lokaler Autonomie, die die Kurden ja heute schon haben, und einer föderativen Struktur, die von der Zentralregierung in Bagdad bisher jedenfalls noch strikt abgelehnt wird?

Lokalautonomie heißt zum Beispiel, dass man für die Distriktverwaltung im Falle des kurdischen Nordens nur Kurden einsetzt, sich also auf Lokal-Ressourcen beschränkt. Föderative Struktur würde wahrscheinlich heißen, dass man in den einzelnen Gebieten, den 18 Distrikten des Iraks, eine Lokalregierung wählt und dann – nach einem festzulegenden Schlüssel – Abgeordnete in eine Nationalversammlung entsendet. Wie das im Einzelnen aussehen könnte, lässt sich zurzeit noch nicht sagen. Wichtig wird sein, dass die verschiedenen ethnischen Gruppen in einer föderativen Verwaltungsstruktur angemessen an dem politischen Prozess in der Zentrale Bagdad teilhaben können.

Ist denn nach Ihrer Erfahrung vor Ort damit zu rechnen, dass die beiden konkurrierenden politischen Gruppierungen der Kurden im Norden nach einer – ob mit Krieg oder ohne Krieg bewirkten – Veränderung der politischen Machtverhältnisse im Irak eher enger zusammenarbeiten?

Die Wahrscheinlichkeit, dass es zu einem politisch homogenen Gebiet im Norden kommen wird, halte ich für sehr gering. Es gibt zwei große politische Einheiten, die KDP und die PUK. Die Leitung der KDP liegt bei einem Stammesführer, Barzani, der also über eine gesicherte Loyalität verfügt. Talabani, der Chef der PUK, hat diese Basis nicht. Er muss sich seine politische Unterstützung im wahrsten Sinne erkaufen. Dass das zu Konflikten führen kann, liegt auf der Hand. Und da dieser Mann ohne Stammesbasis große politische Ambitionen hegt, wird es in der nahen Zukunft auf jeden Fall zu weiteren Konflikten kommen. Im Augenblick werden die innerkurdischen Spannungen natürlich überlagert durch die Kriegsgefahr und die dadurch entstehende gemeinsame Sorge über die Zukunft im Norden. Nur so lässt sich erklären, dass das kurdische Parlament in Erbil nach jahrelangem Boykott mal durch die PUK, mal durch die KDP und mal durch beide Parteien Ende 2002 erstmals wieder zusammengetreten ist. Auf der kurdischen Seite würde diese Analyse sicher nicht akzeptiert. Denn man will zeigen, dass es auch ohne Druck der USA und ohne die aktuelle Kriegsgefahr zu einer Beilegung des Konfliktes zwischen den beiden großen kurdischen Gruppen gekommen wäre. Die Geschichte der letzten Jahrzehnte zeigt allerdings, dass Führungsansprüche auf beiden Seiten immer wieder zu ernsthaften Konflikten und sogar zu kriegerischen Auseinandersetzungen unter den Kurden geführt haben. Diese Probleme werden nach einem Regimewechsel in Bagdad nicht einfach verschwinden.

Ihrem Nachfolger hat die New Yorker UNO-Zentrale dann auch bestimmte Berichte schlicht verboten, die Sie und Ihr Vorgänger Denis Halliday noch – sehr zum Ärger der USA und Großbritanniens – geliefert hatten.

Ja, das waren Berichte über die Folgen der amerikanisch-britischen Luftangriffe und ihre Opfer unter der zivilen Bevölkerung.

Die Regierungen in Washington und London berufen sich bei diesen Angriffen ja auf ihr Recht zur Selbstverteidigung gemäß Artikel 51 der UNO-Charta, und zwar Selbstverteidigung gegen den tatsächlichen oder (angeblich) drohenden Beschuss ihrer Kampfflugzeuge durch die irakische Luftabwehr.

Dieser Unsinn wird inzwischen leider von den Medien beinahe täglich völlig unreflektiert verbreitet. Man muss schon sehr viel Phantasie haben – und die Augen vor dem eklatanten Mangel an völkerrechtlicher Legitimation verschließen –, um hier an Selbstverteidigung glauben zu können. Der UNO-Sicherheitsrat hat in seinen knapp 70 Resolutionen und Entschließungen zum Thema Irak seit August 1990 niemals ein Mandat für diese militärischen Maßnahmen erteilt. Auch mit einem extrem weitgehenden Verständnis von »konstruktiver Zweideutigkeit« lässt sich ein solches Mandat aus keiner Entscheidung des Sicherheitsrates herauslesen. Russland hat immer wieder darauf hingewiesen, dass die amerikanisch-britischen Luftangriffe ein eindeutiger Verstoß gegen das Gewaltverbot der UNO-Charta sind. Frankreich, das sich nach dem Golfkrieg von 1991 anfänglich ja an der Überwachung der Flugverbotszonen beteiligt hatte, zog sich aus dem Unternehmen zurück, weil diese Überwachung durch die zunehmenden amerikanisch-britischen Luftangriffe immer stärker den Charakter einer militärischen Aggression annahm. Aber einmal abgesehen von den eindeutig völkerrechtswidrigen Luftangriffen: Selbst für die Einrichtung der beiden Flugverbotszonen gibt es keine völkerrechtliche Basis. Man braucht kein Völkerrechtsexperte zu sein, ja nicht mal ein studierter Jurist, um das zu erkennen. Die USA und Großbritannien berufen sich hinsichtlich der Einrichtung der Flugverbotszonen immer wieder auf die Resolution 688 des Sicherheitsrates vom 5. April 1991 und leiten daraus auch ihr Recht auf Selbstverteidigung ab. Doch auch das ist völkerrechtswidrig. Resolution 688 basiert nicht auf Kapitel 7 der UN-Charta, der erforderlichen Grundlage für die Anordnung von Zwangsmaßnahmen durch den Sicherheitsrat. Resolution 688 besagt nichts weiter, als dass der UNO-Generalsekretär angewiesen ist, sich um das Wohl ethnischer Gruppen im Irak zu kümmern. Daraus die Berechtigung zur Einrichtung von Flugverbotszonen abzuleiten, ist eine Manipulation des Völkerrechts mit tödlichen Folgen. Möglicherweise hätte es im Frühjahr 1991 ja durchaus die erforderliche Mehrheit für einen Resolutionsentwurf zum Schutz der irakischen Kurden und Schiiten mittels der Einrichtung von Flugverbotszonen gegeben. Doch ein solcher Entwurf ist damals auch von den USA nicht in den Rat eingebracht worden.

Wie wichtig Washington damals die Lebens- und Menschenrechte der Kurden und Schiiten tatsächlich waren, ist ja – vorsichtig formuliert – zumindest nicht eindeutig. Zunächst rief die Administration von Präsident George Bush sen. die Kurden und Schiiten zum Aufstand gegen Saddam Hussein und stellte dafür amerikanische Unterstützung in Aussicht. Doch als der Aufstand dann stattfand und Kampfhubschrauber der irakischen Streitkräfte die

militärisch hoffnungslos unterlegenen Aufständischen zu Tausenden niedermetzelten, durften die Piloten amerikanischer Kampfflugzeuge das Gemetzel zwar genauestens aus der Luft beobachten, aber nicht eingreifen.
Die Resolution 688 des Sicherheitsrates liefert jedenfalls für die Einrichtung der Flugverbotszonen keinerlei Grundlage. Auf dieses Defizit sowie auf den eindeutig völkerrechtswidrigen Charakter der amerikanisch-britischen Luftangriffe hätten die anderen Mitglieder des Sicherheitsrates sehr viel stärker hinweisen müssen, als das – von den Einsprüchen Russlands und den gelegentlichen Bedenken Frankreichs einmal abgesehen – in den letzten zwölf Jahren geschehen ist. Auch Deutschland hat sich in den zwei Jahren seiner Ratsmitgliedschaft 1996/97 zu diesen hochrelevanten völkerrechtlichen Fragen völlig bedeckt gehalten. Das zeigt, dass der Sicherheitsrat versagt bei der Verteidigung der UNO-Charta gegen ihre Uminterpretation und Unterminierung durch einflussreiche Mitgliedsstaaten, und dass der Rat nicht die Rolle bei der Lösung von Konflikten spielt, die er spielen müsste. Lloyd Axworthy, kanadischer Außenminister in den 90er Jahren, erklärte dazu 1999 im Sicherheitsrat: »Sanktionen sollten die Zielsetzungen der internationalen Gemeinschaft reflektieren, und nicht nur die nationalen Interessen ihrer mächtigsten Mitglieder.«

Haben die Ratsmitglieder vielleicht deshalb kaum Bedenken und Widersprüche gegen die amerikanisch-britischen Luftangriffe und gegen die Einrichtung der Flugverbotszonen erhoben, weil sie die von beiden Ländern vorgetragene völkerrechtliche Analyse teilen?

Keineswegs. Diese fatale Zurückhaltung in einer Frage, die über den konkreten Fall Irak hinaus erhebliche Bedeutung für die Zukunft des Völkerrechts hat, erfolgt aus rein politischen Gründen. Natürlich aus der Angst heraus, Bedenken und Widerspruch in dieser Frage könnten zu erheblichen Differenzen mit den USA und Großbritannien führen und sich in politischer und wirtschaftlicher Hinsicht nachteilig für den Bedenkenträger auswirken.

Diese völkerrechtlichen Aspekte der Luftangriffe und der Einrichtung von Flugverbotszonen waren aber nicht der Anlass und der Gegenstand ihrer Berichte in den Jahren 1998 bis 2000, sondern die zivilen Opfer der Angriffe und die so genannten Kollateralschäden an Einrichtungen der zivilen Infrastruktur.

Das ist richtig. Ich dachte – und denke bis heute –, das Generalsekretariat und der Sicherheitsrat in New York müssten zumindest über die humanitären Auswirkungen der Luftangriffe, nämlich ihre Folgen für die Zivilbevölkerung und die zivile Infrastruktur des Iraks, kontinuierlich unterrichtet werden. Zumal diese Angriffe ja von zwei ständigen Mitgliedern des Sicherheitsrates unter Berufung auf die UNO-Charta geflogen werden. Dass die anderen 13 Ratsmitglieder und das Generalsekretariat zu diesen Angriffen einerseits schweigen oder zumindest keinen deutlichen Widerspruch dagegen einlegen und sie damit de facto mittragen, sich andererseits aber nicht um die Folgen dieser Angriffe kümmern – eine derartige Haltung hielt ich für völlig inakzeptabel. Und da die USA und Großbritannien die UNO ihrerseits nicht über ihre Angriffe und die Folgen unterrichteten und auch kein Monitoring von irgendeiner anderen Seite erfolgte, sah ich es als meine Pflicht an, diese Aufgabe zu übernehmen.
Dazu kam, dass sich in den Flugverbotszonen alltäglich viele Mitglieder des UNO-Personals aufhielten, die ebenfalls durch die Luftangriffe gefährdet waren. Und da ich nicht nur der humanitäre Koordinator für den Irak war, sondern zugleich auch der oberste Verantwortliche für alle mit

der UNO-Präsenz im Irak verbundenen Sicherheitsfragen, habe ich mich entschlossen, alle drei Monate so genannte Airstrike-Reports zu erstellen. Ich hatte in meinem Büro ein Team von Beamten, die für unsere tägliche Sicherheit verantwortlich waren. Mit dieser Gruppe und den durch das Land reisenden Beobachtern habe ich dann – die Verantwortung dafür lag bei mir – die Recherchen über die Luftangriffe und ihre Auswirkungen betrieben. Wenn uns in Bagdad Informationen über einen Luftangriff irgendwo im Irak erreichten, haben wir diese Informationen vor Ort überprüft. Auf dieser Basis haben wir dann die »Airstrike-Reports« erstellt mit Angaben über die Daten, Ziele, zivile Opfer und Zerstörungsfolgen der Luftangriffe. Diese Reports wurden dann an die New Yorker UNO-Zentrale geschickt. Allein für das Jahr 1999 wurden an 132 Tagen Luftangriffe registriert. Dabei sind 144 irakische Zivilpersonen ums Leben gekommen (etwaige Verluste unter militärischem Personal kann ich nicht beurteilen). 446 Zivilisten sind verwundet worden, Gerät und Privatgüter wurden zerstört. 28 Mal waren Kollegen von mir oder ich selbst unmittelbar vor Ort, als die Luftangriffe erfolgten. Wenn wir nicht in der Nähe waren und in irakischen Zeitungen lasen, dass es bei Angriffen Zivilopfer gegeben habe, dann habe ich Kollegen gebeten, dorthinzufahren und den Vorgang zu überprüfen. Wir haben unseren Berichten an die New Yorker UNO-Zentrale Fotografien der Opfer und zerstörter Gebäude beigefügt. Bei unseren Recherchen vor Ort haben wir auch jeweils die Behauptungen der irakischen Regierung über die zivilen Opfer der Luftangriffe oder Schäden an zivilen Einrichtungen überprüft, die in Washington, London und anderen westlichen Hauptstädten häufig als Propaganda abgetan wurden.

Mit welchem Ergebnis?

Die Behauptungen Bagdads haben sich nie als falsch oder als übertrieben herausgestellt. Im Gegenteil. Ich erinnere Fälle, bei denen ich selbst vor Ort war, in denen unsere Untersuchungen eine höhere Zahl ziviler Opfer ergaben, als die irakischen Behörden angegeben hatten.

Gab es während Ihrer Zeit in Bagdad denn Fälle, in denen die amerikanischen und britischen Kampfflugzeuge neben irakischen Luftabwehranlagen und anderen militärischen Anlagen auch gezielt Einrichtungen der zivilen Infrastruktur angegriffen haben?

Dafür habe ich keine Belege. Es gab aber viele Fälle, in denen offenkundig auf militärische Anlagen gezielte Bomben oder Raketen danebengingen und Einrichtungen der zivilen Infrastruktur zerstörten oder beschädigten und Todesopfer oder Verletzte unter der Zivilbevölkerung forderten. Wir haben auch Beweise gefunden, dass die amerikanisch-britischen Kampfpiloten verbotene Splitterbomben einsetzten. Bei einer ganzen Reihe von Angriffen haben meine Mitarbeiter und ich uns gefragt: Wo ist denn das militärische Ziel, das die Kampfflugzeuge anvisiert haben könnten? Ein solcher Fall war ein Angriff im Mai 1999 in der Nähe des kleinen Dorfes Kuban in einer fast völlig unbewohnten Region nördlich von Mossul. Dabei wurde eine ganze Schäfer-Familie und ihre gesamte Herde von rund hundert Schafen getötet. Wir haben die Umgebung großräumig nach militärischen Anlagen irgendwelcher Art abgesucht und nichts gefunden. Theoretisch könnten natürlich bewegliche militärische Objekte – zum Beispiel mobile Abschussrampen für Scud-Raketen – das Ziel des Luftangriffs gewesen sein. Trümmer von irgendwelchen Waffen oder militärischem Gerät wurden aber ebenfalls nicht gefunden. Und nach Aussagen von Augenzeugen unter den Bewohnern des nahe gelegenen Dorfes wurde der Angriff von Kampfflugzeugen durchgeführt, die so tief flogen, dass ihre Piloten genau gesehen haben mussten, was unter ihnen am Boden vorging.

Sie haben die Berichte über die Luftangriffe an UNO-Generalsekretär Kofi Annan geschickt. Wie hat Annan auf die Berichte reagiert?

Der Generalsekretär hat mir durch seinen Kabinettschef mitteilen lassen, dass er die Berichte für gut befindet. Aus Gründen der Fairness habe ich, wenn ich in New York war, die Berichte aber auch direkt den Botschaftern der USA und Großbritanniens übergeben. Das war vielleicht der Moment, an dem die Amerikaner und die Briten sich klar wurden, dass sie mich loswerden wollten. Man hat es mir sicher übel genommen, als ich gesagt habe: Ihre Piloten sehen das Ganze aus zehntausend Meter Höhe, doch so sieht es nachher am Boden aus. Der britische Botschafter in New York warf mir eine ernsthafte Verletzung meines Mandats vor. Er erklärte mir, ich hätte »kein Recht, irakische Propaganda mit einem UNO-Stempel zu versehen«. Ich habe dem Botschafter geantwortet, ich verstünde, was er mir sagen wolle, aber unsere Berichte seien belegbar. Wir hätten die Angriffe zum Teil selbst erlebt und alle unsere Angaben in den Berichten vor Ort verifiziert. Zudem sei mein Dienstherr der Generalsekretär der UNO. Solange der Generalsekretär meine Berichte gutheiße, würde ich sie weiterhin verfassen, und es tue mir Leid, wenn die englische Regierung in diesem Punkt eine andere Meinung vertrete.
Ähnliche Vorwürfe wie von der britischen Regierung wurden damals auch von der Clinton-Administration erhoben. Meine Berichte über die Luftangriffe und ihre Auswirkungen waren wahrscheinlich der wesentliche Grund, warum Washington und London schließlich bei Kofi Annan auf meine Ablösung drängten.

Doch trotz der Kritik und des Drucks aus Washington und London haben innerhalb der New Yorker UNO-Zentrale zumindest der Generalsekretär und sein Kabinettschef Sie unterstützt?

Als nach meinem ersten Dienstjahr in Bagdad die routinemäßige Entscheidung über eine Verlängerung anstand und ich bei Kofi Annan in New York im Oktober 1999 zur Berichterstattung erschien, empfing mich der Generalsekretär mit den Worten: »Sie wissen ja, dass mich zwei wichtige Mitglieder des Sicherheitsrates schriftlich ersucht haben, Sie aus Bagdad abzuberufen. Hiermit verlängere ich Ihren Vertrag.«
Die Berichte habe ich geschrieben, bis ich Irak im März 2000 verlassen habe. Doch meinem Nachfolger wurde sehr schnell mitgeteilt, dass er diese Berichte und die dafür erforderlichen Recherchen über die Luftangriffe und ihre Auswirkungen einstellen soll. Der zurückgebliebene Chef meiner Sicherheitsabteilung in Bagdad hat mir das später bestätigt. Diese Anweisung hat mein Nachfolger nicht vom UNO-Generalsekretär erhalten, sondern von seinem unmittelbaren Chef im Irak-Büro der New Yorker Zentrale. Dieser Vorgang unterstreicht erneut, wie problematisch das unkontrollierte Eigenleben dieser Abteilung ist. Eine Abteilung, die für Fragen von so erheblicher politischer, völkerrechtlicher und humanitärer Brisanz zuständig ist, wie das Irak-Büro, hätte von Anfang an sehr viel enger und sorgfältiger in die bestehenden Strukturen der UNO eingebunden werden müssen. Das heißt, es hätten Querverbindungen zur politischen Abteilung der New Yorker Zentrale und zu der Abteilung für humanitäre Fragen geschaffen werden müssen sowie eine weit stärkere Anbindung an die Büros des Generalsekretärs und seiner Stellvertreterin.

Nach Ihrer Kenntnis erhält die UNO-Zentrale seit Ihrem Rücktritt im März 2000 also keine Berichte mehr über die amerikanisch-britischen Luftangriffe und ihre Auswirkungen.

So ist es. Aus welcher Quelle sollten diese Berichte denn auch kommen? Dabei wären sie heute noch viel notwendiger als zu meiner Zeit in Bagdad. Denn selbst die dürren Verlautbarungen des Pentagons und des britischen Verteidigungsministeriums lassen erkennen, dass zumindest die Zahl der Luftangriffe zunächst ab Anfang 2002 und dann noch einmal seit Juli/August 2002 erheblich gesteigert wurde. Auch gibt es zahlreiche Hinweise, wonach im Laufe des Jahres 2002 immer mehr Angriffe gegen Ziele in der Zentralzone um Bagdad erfolgten, also außerhalb der beiden Flugverbotszonen im Norden und im Süden.

Haben Sie denn aus jüngerer Zeit Erkenntnisse über gezielte Angriffe auf Einrichtungen ziviler Infrastruktur?

Kaum. Obwohl das nichts zu sagen hat angesichts der völlig unzureichenden Informationslage, die keine gesicherten Aussagen zulässt. Ein Fall eines gezielten Angriffs auf zivile Infrastruktur mit Todesopfern war das Bombardement einer Anlage der irakischen Ölindustrie bei Basra. Das ist kein militärisches Ziel.

Das heißt, auch die Angriffe vom Dezember 2002 auf den zivilen Passagier-Flughafen von Basra galten angeblichen militärischen Zielen?

In der Logik der Kriegsplaner im Pentagon natürlich. Denn ein ziviler Passagierflughafen in friedlichen Zeiten könnte in Kriegszeiten als Militärflughafen dienen. Dass das Pentagon vor Beginn eines amerikanischen Krieges gegen den Irak sicherstellen will, dass dann auf dem Flughafen von

Basra keine irakischen Kampfflugzeuge – soweit diese überhaupt noch in einsatzfähiger Form existieren sollten – starten oder landen können, ist aus einer militärischen Angriffslogik heraus verständlich. Verständlich, aber natürlich nicht akzeptabel.

Haben zu Ihrer Zeit in Bagdad denn auch einzelne Regierungen Interesse an Ihren Berichten über die Luftangriffe gezeigt?

Direkt und offiziell nicht, aber inoffiziell schon. Solche Berichte, selbst wenn sie von wichtigen Mitgliedern des Sicherheitsrates ausdrücklich nicht gewollt und auch von Teilen des UNO-Apparates abgelehnt werden, verstauben natürlich nicht ungelesen in der Dag-Hammarskjöld-Bibliothek der New Yorker Zentrale. Wenn ein Bericht über ein so brisantes Thema erstellt wird, dann findet er auch seinen Weg dorthin, wo er interessant erscheint. So gelangten meine Luftangriffsberichte unter anderem auch nach Ankara. Und durch türkische Diplomaten habe ich erfahren, dass die Berichte den Verdacht der türkischen Regierung bestätigten, dass die Luftwaffen der USA und Großbritanniens sich nicht an das Abkommen zwischen Washington, London und Ankara über die Nutzung der Incirlic-Airbase in der Südost-Türkei hielten. Nach dem Abkommen dürfen von Incirlic gestartete US-amerikanische und britische Kampfflugzeuge im irakischen Luftraum ihre Raketen nur zu »Defensivzwecken« abfeuern. Konkret: nur gegen irakische Luftabwehrstellungen und dies auch nicht präventiv, sondern nur dann, wenn die Kampfflugzeuge zuvor von diesen Stellungen beschossen wurden. Doch gegen dieses Abkommen wurde bereits zu meiner Zeit in Bagdad häufig verstoßen.
Nach der Operation »Desert Fox« – den viertägigen schweren Luftangriffen im Dezember 1998, in dessen unmittelbarem Vorfeld die UNO-Waffeninspekteure aus dem Irak

abgezogen wurden – erhielten die Piloten der US-amerikanischen und britischen Kampfflugzeuge erweiterte Einsatzbefugnisse (»enlarged rules of engagement«) und damit eine größere Entscheidungsfreiheit über die Auswahl von Angriffszielen. Im Laufe des Jahres 2002 wurde der Luftraum über Irak zu einem regelrechten Übungsplatz für US-amerikanische und britische Kampfflugzeuge; schließlich gab es fast täglich Angriffe auf irakische Bodenziele. Und zwar offensive Angriffe, um den Irak weiter zu destabilisieren und um die Luftabwehrstellungen und andere militärische Anlagen und Kapazitäten sowie militärisch nutzbare Einrichtungen der zivilen Infrastruktur des Landes in Vorbereitung auf einen Krieg zu zerstören. Zur bis heute fortgesetzten Behauptung aus Washington und London, diese Angriffe erfolgten zum Selbstschutz der Piloten, kann ich nur sagen: Wenn die amerikanische und die britische Regierung tatsächlich ihre Piloten schützen wollen, dann sollten sie diese erst gar nicht in den irakischen Luftraum schicken. Doch stattdessen versuchte die Bush-Administration in jüngster Zeit, den Beschuss ihrer Kampfflugzeuge durch die irakische Luftabwehr als Verstoß gegen die Resolution 1441 einzustufen. Das heißt das Völkerrecht auf den Kopf zu stellen. Doch dieses Ansinnen wurde nicht einmal von Großbritannien unterstützt.

Sie haben die amerikanisch-britischen Luftangriffe in den Flugverbotszonen ja bereits vor den Terroranschlägen vom 11. September 2001 als eindeutig völkerrechtswidrig angesehen. Und bei dieser Beurteilung sind Sie geblieben. Die USA führen seit dem 11. 9. allerdings immer neue Begründungen für militärische Maßnahmen an und berufen sich dabei auf das in der UNO-Charta geregelte Recht zur Selbstverteidigung.

Seit dem Golfkrieg von 1991 ist immer deutlicher geworden, dass eine selektive oder willkürliche Interpretation und Anwendung der verschiedenen Artikel der UNO-Charta das Völkerrecht untergräbt. In Hinblick auf die aktuelle Irak-Diskussion geht es in erster Linie um die Auslegbarkeit von Artikel 39 und im Zusammenhang mit diesem Artikel um die Anwendbarkeit von Artikel 51. Artikel 39 besagt, dass der Sicherheitsrat Sanktionen verhängen kann, wenn der Tatbestand der Aggression oder der Bedrohung des Friedens und der internationalen Sicherheit vorliegt. Die USA und Großbritannien haben immer wieder – auch vor dem 11. September – darauf hingewiesen, dass der Irak eine solche Bedrohung darstelle.

Für seine unmittelbaren Nachbarn?

Für seine Nachbarn. Und da man sich – so die Amerikaner – Sorge macht um die Sicherheit der Nachbarn und die Nachbarn das auch viele Jahre lang akzeptiert haben, sind Entscheidungen getroffen worden, die die Eindämmung und Knebelung des Iraks immer wieder neu bestätigt haben. Nach dem 11. September haben die USA zusätzlich die Behauptung aufgestellt, der Irak verfüge über Massenvernichtungswaffen und diese stellten nicht nur eine Bedrohung für die unmittelbaren Nachbarn dar, sondern für die Weltgemeinschaft, und damit auch für die USA. Zwar wird von Washington bislang nicht behauptet, die Regierung in Bagdad verfüge über strategische Atomraketen, mit denen sie das Territorium der USA direkt erreichen könnten. Aber es gibt eine Reihe von Hilfskonstruktionen, um eine Bedrohung der USA durch den Irak zu konstruieren: die angebliche Bedrohung amerikanischer Stützpunkte in den Nachbarstaaten des Iraks; die angebliche politische und finanzielle Unterstützung von Terroristen und insbesondere die angebliche Weitergabe von Massenvernichtungswaffen oder dazu benötigter Materialien an Terroristen. Und weil der Terrorismus aus Sicht der Bush-

Administration heute die Hauptbedrohung für die USA darstellt, wird über diesen Umweg auch der Irak zu einer Bedrohung für die USA gemacht. Daraus leiten die USA das Recht der »Selbstverteidigung« gemäß Artikel 51 der UNO-Charta ab.
Diese Auslegung von Artikel 51 ist völkerrechtlich nicht akzeptabel. Und noch weniger akzeptabel ist die am 20. September 2002 offiziell verabschiedete neue militärische Sicherheitsdoktrin der USA. Danach wäre selbst ein »preemptive strike«, ein vorbeugender Militärschlag, gegen den Irak – notfalls sogar mit Atomwaffen – ein Akt der Selbstverteidigung und folglich durch Artikel 51 der UNO-Charta gedeckt.

Aber sind nicht alle Mitgliedsstaaten der UNO-Generalversammlung mitverantwortlich für die immer weiter ausgreifende Neuinterpretation der UNO-Charta? Der Sicherheitsrat und die Generalversammlung haben am 12. September 2001 jeweils einstimmig – in der Generalversammlung mit Zustimmung auch des irakischen Botschafters – eine Resolution verabschiedet, die die über 55 Jahre lang gültige Interpretation von Artikel 51 ausweitete. Die Anschläge vom 11. September wurden als bewaffneter Angriff gegen die USA bezeichnet, Washington damit das Recht auf Selbstverteidigung zuerkannt.

Die Entscheidung vom 12. September 2001 – nämlich die Bestätigung des Rechts zur Selbstverteidigung im Krieg gegen den Terrorismus – war berechtigt, aber das darf man nicht vermischen mit der Diskussion über nicht genehme Regime. Zum Schluss läuft alles hinaus auf die Frage der Beweisführung. Die ist bisher nicht erfolgt. Wenn die amerikanische Regierung klar belegen könnte, dass Amerika durch den Irak direkt bedroht wird, wäre Artikel 51 eventuell anwendbar. Obwohl selbst für diesen Fall zur Frage eines Präventivangriffs unter Juristen keine einheitliche völkerrechtliche Meinung besteht. Aber zumindest wäre dann eine Grundlage gegeben, sich darüber zu unterhalten, ob die Selbstverteidigung Amerikas gegenüber dem Irak gerechtfertigt wäre. Nur sind wir weit entfernt von einer Situation, wo man international bestätigen kann, dass der Irak eine solche Bedrohung darstellt.

Der Begriff der Bedrohung ist ja sehr dehnbar.

Ja, er ist dehnbar. Aber in der UNO-Charta und im bestehenden Völkerrecht ist es bisher nicht akzeptiert worden, dass man einer vermuteten Gefahr im Voraus durch einen militärischen Angriff begegnen kann.

Das heißt, es muss nicht nur eine angebliche Bedrohung vorliegen, sondern es muss ein Angriff erfolgt sein?

So sieht es weiterhin wohl eine Mehrheit der Völkerrechtler. Aber es gibt auch Stimmen, die behaupten, dass bei einer nachweisbar drohenden Gefahr dieser Artikel 51 so interpretiert werden kann, dass man präventiv eingreift. Das ist aber zurzeit eine Minderheitsmeinung.

Sie kritisieren den Sicherheitsrat in seiner Gesamtheit und insbesondere die beiden ständigen Ratsmitglieder USA und Großbritannien für die gesamte Phase der Irak-Politik von 1991 bis heute. Welche Rolle haben nach Ihrer Beurteilung Generalsekretär Kofi Annan und sein Vorgänger Butros Butros Ghali gespielt? Haben sie die ihnen zur Verfügung stehenden Spielräume genutzt?

Beide haben periodisch immer wieder das gesagt, was die internationale Gemeinschaft von ihnen erwartet hat. Sie haben immer wieder davor gewarnt, dass die Irak-Politik des Sicherheitsrates zu einer menschlichen Katastrophe führt. Kofi Annan erklärte im März 1999 bei Übergabe des Berichtes von Botschafter Amorim an den Sicherheitsrat: Wir müssen aufpassen, dass wir, die Vereinten Nationen, nicht zur Ursache für die menschliche Katastrophe im Irak werden. Das war ein deutlicher Hinweis darauf, dass er erkannt hat, was im Sicherheitsrat falsch gelaufen ist. Butros Gali hat – in verschiedenen Reden über das Irak-Problem – Ähnliches zum Ausdruck gebracht. Das muss man anerkennen.

Dennoch hätten beide Generalsekretäre den Sicherheitsrat sehr viel stärker auf seine Aufsichtspflicht hinweisen müssen. Das ist das eine. Und angesichts der Entwicklung des Irak-Konfliktes wurde auch erwartet, dass sich der Generalsekretär kontinuierlicher in diese Diskussion eingeschaltet hätte. Das gilt insbesondere für die Zeit nach Kofi Annans mutiger und von den Amerikanern nicht voll unterstützter Reise nach Bagdad im Februar 1998, bei der er half, einen Konflikt zwischen Bagdad und dem Sicherheitsrat beizulegen. Doch diese Erwartung hat sich nicht erfüllt. Man hat den Eindruck, dass Kofi Annan seinen Status als höchster internationaler Beamter unter großem Druck immer sehr eng definiert hat. Er hat dem Sicherheitsrat zu häufig das Recht auf die erste Aussage zugestanden, selbst in Phasen, wo er direkt herausgefordert war – etwa als die israelische Regierung der von ihm ernannten Kommission zur Untersuchung der Vorgänge im palästinensischen Flüchtlingslager Djenin nicht einmal den Flug nach Tel Aviv gestattete. Da hätte er hart bleiben müssen.

Ich glaube, dass ein UNO-Generalsekretär in gewisser Weise ein Kompass des internationalen Gewissens sein muss. Manchmal ist ein Kollisionskurs mit dem Sicherheitsrat unausweichlich. Den hat der Generalsekretär in der Irak-Diskussion zu oft vermieden. Kofi Annan hätte zum Beispiel sehr viel stärker darauf hinweisen müssen, dass es eine Falschdarstellung ist, wenn der amerikanische

Präsident George W. Bush behauptet, der Irak habe bei der Umsetzung der UNO-Resolution 1441 nicht kooperiert. Der Generalsekretär hat zwar seinerseits die Bereitwilligkeit des Iraks zur vollständigen Zusammenarbeit anerkannt. Das geschah aber meiner Ansicht nach zu schüchtern, zu zurückhaltend. Es wäre gut gewesen, wenn sich Annan deutlicher gegen Präsident Bushs Behauptung gestemmt hätte, das, was man aus Bagdad höre, sei »nicht ermutigend«. Die internationale Öffentlichkeit hatte auch erwartet, dass der UNO-Generalsekretär sehr viel stärker reagieren würde auf die unglaubliche Art und Weise, in der die USA Anfang Dezember 2002 den für den gesamten Sicherheitsrat bestimmten Waffenbericht der irakischen Regierung an sich gerissen haben. Dann vor die Weltöffentlichkeit zu treten und zu sagen: Die Übergabe des Berichts an die Amerikaner sei »gerechtfertigt«, die Art und Weise, wie es geschah, aber »bedauerlich« – das war eine viel zu schwache Aussage.

Der Generalsekretär der UNO orientiert sich natürlich auch daran, wie sich andere Staaten in einer bestimmten Frage verhalten. Welche Rolle hat Europa in der Irak-Frage bisher gespielt und welche Rolle könnte und sollte Europa spielen?

Zunächst, bevor man sich über eine Rolle unterhalten kann, muss man sicherstellen, dass man eine gemeinsame Basis hat. Bis zur Zuspitzung des Irak-Konflikts im Jahr 2002 ist in Europa die Irak-Diskussion fast ausschließlich von drei Ländern geführt worden: Frankreich, Großbritannien und Russland. Die anderen europäischen Staaten haben sich zurückgehalten – obwohl einige von ihnen diplomatische Vertretungen in Bagdad haben. Eine erkennbare europäische Position in der Irak-Frage, gar ein gemeinsames Vorgehen der EU hat es seit dem Golfkrieg von 1991 nicht mehr gegeben und gibt es auch heute nicht. In den Jahren 2001

und 2002 konnte man vorsichtige Versuche im Brüsseler Europaparlament beobachten, eine gemeinsame Irak-Position zu entwickeln.
Am 26. Februar 2001 etwa fand im Auswärtigen Ausschuss eine Anhörung über den Irak statt, zu der ich auch geladen war. Ziel der Anhörung war eigentlich, eine gemeinsame Entschließung des Europäischen Parlamentes vorzubereiten. Die Anhörung wurde geleitet von dem Vorsitzenden des Ausschusses, dem deutschen Europa-Abgeordneten Elmar Brock (CDU). Die Berichterstatterin war Baronesse Nicholson aus England (Liberale Partei). Das Resultat war eine Katastrophe. Denn bei der Anhörung traten zwar zahlreiche Spezialisten auf sowie Vertreter vieler Gruppen und Organisationen mit großen Erfahrungen und guten Kenntnissen über die aktuelle Lage im Irak – darunter Vertreter der irakischen Opposition, der Chalabi-Gruppe in London, der Direktor des Brüsseler Büros der im Irak vertretenen Weltgesundheitsorganisation, der Präsident von Caritas Europa, Denis Viénot, oder der belgische Völkerrechtler und ehemalige Vorsitzende der UNO-Menschenrechtskommission, Marc Bossuyt. Doch die Aussagen und Informationen all dieser Zeugen über die Hintergründe des Irak-Konflikts und die Auswirkungen der UNO-Sanktionen hat Baronesse Nicholson in ihrem Bericht vollkommen unterschlagen. Sie nahm dort nur solche Aussagen auf, die auf eine Unterstützung der Irak-Politik der amerikanischen und britischen Regierung hinausliefen. Der Abschlussbericht war skandalös tendenziös.
Viénot, Bossuyt und ich haben dann in einem gemeinsamen Brief an das Europaparlament detailliert dargelegt, dass der Bericht in keiner Weise widerspiegelte, was in der Anhörung gesagt wurde. In der Folge wurde die Entscheidung über eine Entschließung zum Thema Irak vom Europäischen Parlament zunächst über ein Jahr lang aufgeschoben. Und als das Parlament sich im Mai 2002 erneut mit

dem Ergebnis der Anhörung vom Februar 2001 befasste, war die Entwicklung in der Irak-Frage so weit fortgeschritten, dass die vom Europaparlament ursprünglich vorgesehene Irak-Entschließung weitgehend überholt und politisch irrelevant war. Die Entschließung war in keiner Weise dazu geeignet, das Europaparlament in die Lage zu versetzen, eine politische Rolle in der Irak-Frage zu spielen. Hintergrund dieses Dilemmas ist natürlich die Tatsache, dass es in den letzten Jahren beim Thema Irak immer sehr große Gegensätze zwischen den Positionen der verschiedenen EU-Staaten gegeben hat. Auf der einen Seite die aggressive pro-amerikanische Position der britischen Regierung, auf der anderen Seite die eigenständige, eher US-kritische Haltung Frankreichs. Dazwischen schwimmt die große Gruppe derjenigen EU-Staaten, die wie Deutschland im Grunde genommen – und das ist eine Blamage für Europa – keine eigene Position haben. Und die ein völlig unzureichendes Interesse aufbringen für die fatalen Auswirkungen der ja auch in ihrem Namen verhängten UNO-Sanktionen gegen den Irak.
Bei dieser Positionslosigkeit und dem mangelnden Interesse der meisten EU-Staaten blieb es auch im Jahr 2002. Lediglich auf Druck der linksgerichteten Gruppe im Europaparlament und auf Initiative der zu dieser Gruppe gehörenden dänischen Abgeordneten wurde im Jahre 2002 eine zweite Irak-Anhörung veranstaltet. Die verlief zwar viel besser als die Anhörung vom Februar 2001. Diesmal gab es auch die Möglichkeit zur Diskussion. Doch leider nahmen lediglich Abgeordnete der linksgerichteten und grünen Gruppen im Europa-Parlament an der Anhörung teil. Die Abgeordneten der drei großen Fraktionen der Sozialdemokraten/Sozialisten, der Christdemokraten/Konservativen Volksparteien und der Liberalen glänzten durch Abwesenheit. Es gibt bis heute keine fundierte gemeinsame Irak-Politik der Europäischen Union. Der Präsident der Europäi-

schen Kommission, Romani Prodi, hat Ende 2002 zu Recht darauf hingewiesen, dass die EU ohne eine klar definierte gemeinsame Position zum Thema Irak auch in Hinsicht auf die gesamte Region des Mittleren Ostens keine Rolle spielen wird.

Allein Frankreich hat über die Jahre ernsthaft versucht, eine breit angelegte Irak-Politik zu entwickeln. Paris hat nicht nur – und oft im Konflikt mit Washington – Positionen zur Frage der Sanktionen sowie zu völkerrechtlichen Aspekten des Irakproblems bezogen, sondern ist auch kulturpolitisch aktiv geblieben auf allen Gebieten, die normalerweise zwei Länder miteinander verbinden. Da hat sich Frankreich in Bagdad trotz all der sanktionsbedingten Behinderungen weiterhin aktiv verhalten.

Frankreich verfolgt auch die eigenen Handels- und Wirtschaftsinteressen weiter. Ich teile nicht die Kritik, die Franzosen – und auch die Russen – engagierten sich nur, weil sie weiter Geschäfte mit dem Irak machen wollen. Es geht um sehr viel mehr. Und das wird von der irakischen Seite auch verstanden und politisch anerkannt.

Spätestens mit der Eskalation des Irak-Konflikts seit Sommer 2002 und angesichts der Kriegsvorbereitungen der USA ist die Situation für die Regierungen der EU-Staaten natürlich schwieriger geworden. Man fühlt sich herausgefordert, Schweigen und Zurückhaltung werden auch von den Bevölkerungen in den EU-Staaten nicht länger akzeptiert.

Die deutsche Regierung hat das gespürt. Bundeskanzler Schröder sowie – etwas zurückhaltender – auch Außenminister Fischer haben vor den Bundestagswahlen am 22. September 2002 eine kritische Haltung gegenüber den Kriegsplänen der Bush-Administration demonstriert. Die Beteiligung Deutschlands an einem Krieg – selbst wenn es dafür ein klares UNO-Mandat geben sollte – wurde vom Bundeskanzler kategorisch ausgeschlossen. Und die Ana-

lyse des Wahlergebnisses zeigt, dass diese Haltung offensichtlich den Ausschlag gegeben hat für den sehr knappen Sieg der rot-grünen Koalition. Doch seit dem 22. September haben sich die Befürchtungen, die kriegskritische Haltung der Bundesregierung werde wieder aufgeweicht, leider bestätigt. Das hat gerade auch in arabischen Staaten zu großer Enttäuschung geführt und Deutschland dort außenpolitisch viel Kritik eingebracht. Die Bundesregierung hat inzwischen sämtliche logistischen Wünsche der Bush-Administration zur Unterstützung eines Irak-Krieges und zur zumindest indirekten deutschen Beteiligung an einem Krieg erfüllt. Den US-Streitkräften wurden Überflugs- und Nutzungsrechte auf deutschem Territorium eingeräumt; die in Deutschland stationierten AWACS-Systeme werden – mit deutschen Soldaten an Bord – für den Fall eines Krieges bereitgestellt zur Luftraum-Überwachung über der Türkei und als Feuerleitsysteme für die Angriffe amerikanischer Kampfflugzeuge; die deutschen Fuchs-Spürpanzer in Kuweit sollen auch während eines Irak-Krieges dort stationiert bleiben. Und zuletzt hat die Bundesregierung Anfang 2003 ausdrücklich erklärt, dass sie als neues nichtständiges Mitglied im UNO-Sicherheitsrat – im Unterschied zu den drei Vetomächten Frankreich, Russland, China sowie den meisten anderen nichtständigen Ratsmitgliedern – nicht in jedem Fall auf einer zweiten Resolution als Vorbedingung für militärische Maßnahmen gegen den Irak bestehen wird. Trotz all dieser Zusagen und Erklärungen bleibt die Bundesregierung jedoch bei ihrer Behauptung, sie sei gegen einen Krieg und Deutschland werde sich an einem solchen nicht beteiligen.
Das ist zutiefst unglaubwürdig und wird auch im Mittleren Osten so wahrgenommen.

Dass es im Europaparlament und bei den Regierungen Deutschlands und der meisten anderen EU-Staaten kein oder nur ein mangelhaftes Interesse gibt, sich mit der katastrophalen humanitären Lage eines Volkes unter Sanktionsdruck zu befassen, ist zwar nicht gutzuheißen, lässt sich aber immerhin noch nachvollziehen. Was ich jedoch nicht verstehe: Es gibt bezogen auf Irak und die ganze erdölreiche Region des Mittleren Ostens doch auch handfeste wirtschaftliche Interessen Deutschlands und der anderen europäischen Staaten – und nicht nur Frankreichs oder Russlands. Warum haben diese Interessen nicht längst zu einer aktiven Irak-Politik geführt und zu mehr Eigenständigkeit gegenüber den USA?

Die Voraussetzung für eine eigenständige Politik wäre natürlich, dass man in Deutschland klare Positionen entwickelt hätte. Das ist leider nicht geschehen. Es hat in den letzten Jahre mehrfach Versuche aus verschiedenen Parteien gegeben, eine intensivere Diskussion der Irak-Frage im Deutschen Bundestag und in seinen Ausschüssen anzustoßen. Das ist bis heute nicht gelungen. Eine qualifizierte Meinungsbildung zu diesem Thema, das ja über die Frage der Beziehungen Deutschlands und Europas zum Irak hinaus von weltpolitischer Bedeutung ist, steht immer noch aus. Nicht nur die humanitäre Situation im Irak, sondern auch die Fragen der Anwendung des Völkerrechtes und der bestehenden internationalen Instrumentarien zur Lösung von Konflikten wären wichtige Themen für eine breite, intensive Diskussion des Bundestages gewesen. Stattdessen wurden bislang lediglich parteipolitisch gebundene Erklärungen im Parlament deponiert – ohne weitere Diskussion. Zuletzt geschah dies am 25. Januar 2002. Aus diesen Erklärungen wird ersichtlich, dass bis heute keine deutsche Partei – ich weiß, das ist ein hartes Urteil – das Irak-Problem auch nur faktisch korrekt begriffen hat. Ganz zu schweigen von der Entwicklung konzeptioneller Vorstellungen für eine eigenständige deutsche und europäische Irak-Politik.

Die Erklärungen der Parteien enthalten falsche oder fahrlässig vereinfachte Darstellungen, zumeist in simpler Wiederholung entsprechender Behauptungen aus Washington und London. So behauptete die SPD, Saddam Hussein verweigere dem irakischen Volk Lebensmittel und Medikamente. Die Einnahmen aus den Ölverkäufen würden von der irakischen Regierung nicht zur Versorgung der Bevölkerung genutzt. Im Irak müsste niemand hungern, wenn Saddam Hussein dies nicht wollte. Die Grünen sagen, die Sanktionen seien »keine Strafe für die notleidende Bevölkerung, sondern die einzige Möglichkeit, Missbilligung für das Verhalten Iraks auszudrücken«. An die Regierung in Bagdad appellieren die Grünen in ihrer beim Parlament deponierten Stellungnahme vom Januar 2002: »Lasst internationale Waffeninspekteure in euer Land, und die Sanktionen werden beendet.« Die FDP erklärt, »statt Medikamente und Nahrungsmittel für sein darbendes Volk zu besorgen«, lasse Saddam Hussein »lieber elf Milliarden Öl-Dollar ungenutzt auf Depotkonten liegen«. Eine nüchterne Analyse der Lage im Irak komme daher »zu dem Ergebnis, dass mit der Aufhebung der Sanktionen die Position des Diktators weiter gestärkt, seinem Volk aber nicht geholfen würde«.

All die Analysen und die umfangreiche Expertise, die renommierte internationale Organisationen und unabhängige Beobachter in den letzten zwölf Jahren zum Thema Irak vorgelegt haben, wurden von den politischen Parteien in Deutschland offensichtlich bislang nicht zur Kenntnis genommen. Lediglich die Stellungnahmen der PDS – auch zu den UNO-Sanktionen und deren Folgen – ließen erkennen, dass sich diese Partei näher mit dem Problem befasst hatte. Doch mit dieser Ausnahme haben alle Parteien schlicht ihre Hausaufgaben zum Thema Irak nicht gemacht.

Öl, Krieg und Völkerrecht – eine kurze Geschichte des Irak-Konflikts

1) Irak und sein Öl

Mit rund 112 Milliarden Barrel (ein Barrel = 159 Liter) verfügt Irak über die weltweit zweitgrößten Ölreserven (nach Saudi-Arabien mit 220 Mrd. und vor Iran mit 80 Mrd. Barrel). Internationale Energieexperten vermuten unter dem irakischen Wüstensand darüber hinaus bis zu 100 Mrd. Barrel bislang unentdeckter Ölvorräte. Nach Erlangung der vollen nationalen Unabhängigkeit des Iraks von der ehemaligen Kolonial- und Mandatsmacht Großbritannien Mitte der 50er Jahre verstaatlichte die Regierung 1972 die bis dato von britischen und US-amerikanischen Konzernen kontrollierte Ölindustrie des Landes. Bis zum Golfkrieg vom Frühjahr 1991 war der Irak eines der einflussreichsten Mitglieder der Organisation Erdölexportierender Staaten (OPEC). Infolge der 1990 verhängten UNO-Wirtschaftssanktionen konnte Irak – abgesehen vom Schmuggelverkauf kleinerer Mengen in die unmittelbaren Nachbarstaten Jordanien, Syrien und Türkei – überhaupt kein Öl auf dem internationalen Markt absetzen. Unter den Bedingungen des Ende 1996 vom UNO-Sicherheitsrat begründeten Programms »Öl für Nahrungsmittel« hatte der Irak bis Anfang 2003 maximal 3,2 Millionen Barrel Öl täglich fördern können.

2) Der erste Golfkrieg 1980–1988

1980 begann der Irak unter der Führung des Diktators Saddam Hussein einen Krieg gegen das Nachbarland Iran. Unmittelbarer Auslöser des Krieges war ein Streit um die Schifffahrtsrechte im Persischen Golf. Der Golf hat für beide Staaten erhebliche strategische Bedeutung, weil er ihr einziger Zugang zu den Weltmeeren ist. Iran/Persien unter der Diktatur des Schahs war seit Mitte der 50er Jahre für die USA und ihre NATO-Verbündeten der wichtigste geopolitische Partner in der Großregion Nahost/Zentralasien und verlässlicher Lieferant preiswerten Öls. 1979 wurde das vom Westen massiv unterstützte Schah-Regime in Teheran durch eine islamische Revolution gestürzt. Fortan galt der Iran sowohl für die USA wie für die Sowjetunion (die ebenfalls 1979 in Afghanistan einmarschiert war) als Bedrohung ihrer Interessen und der Stabilität in der Region. Daher wurde der Irak bei seinem Krieg gegen den Iran von West wie Ost gemeinsam politisch und militärisch so massiv unterstützt wie kein anderes Land während der gesamten Phase des Kalten Krieges.

3) Die Aufrüstung Iraks in den 80er Jahren

Für seinen Krieg gegen den Iran erhielt Saddam Hussein umfangreiche Rüstungshilfe, bei der es fast kein Tabu gab. Ausländische Firmen lieferten dem Irak Bauteile, Grundsubstanzen, Maschinen und technisches Know-how für die Herstellung atomarer, chemischer und biologischer Massenvernichtungswaffen sowie von ballistischen Raketen (mit Reichweiten von über 150 Kilometern). Darüber hinaus erhielt Bagdad aus dem Ausland fast die gesamte Palette damals verfügbarer konventioneller Waffensysteme. Aus der Sowjetunion kamen die Scud-Kurzstreckenraketen, die Bagdad nach einer Reichweitenverlängerung während des Golfkrieges von 1991 gegen Israel einsetzte. Die bei weitem wichtigsten Zulieferer für das irakische Aufrüstungsprogramm in den 80er Jahren waren Firmen und Waffenlabors aus Deutschland und den USA (mit großem Abstand folgen Großbritannien, Frankreich, die Sowjetunion, Japan und China). In vielen Fällen erfolgten die Zulieferungen zu

Saddam Husseins Rüstungsprogramm mit Wissen, ausdrücklicher Genehmigung oder gar aktiver Förderung der Regierungen der Lieferländer. Und dies, obwohl jegliche Rüstungskooperation mit dem Irak im Bereich atomarer und biologischer Waffen ein klarer Verstoß gegen völkerrechtliche Verträge war. Die Herstellung und Verbreitung von Chemiewaffen wurde erst 1993 durch ein internationales Abkommen verboten. Doch der Einsatz von Giftgas ist bereits seit 1925 international geächtet. Deshalb war der Einsatz derartiger Massenvernichtungswaffen durch Irak zunächst ab 1983 im Krieg gegen Iran (hierzu lieferte das amerikanische Pentagon Bagdad die Zieldaten) und dann 1988 gegen die kurdische Bevölkerung im Norden Iraks ein Kriegsverbrechen, ein Verbrechen gegen die Menschheit sowie ein Akt des Völkermordes. Dennoch wurde die internationale Rüstungshilfe an den Irak (auch auf dem Sektor C-Waffen) fast uneingeschränkt bis unmittelbar vor Beginn des zweiten Golfkrieges im Januar 1991 fortgeführt. Der Hinweis von Amnesty International und anderen Menschenrechtsorganisationen auf die gravierenden Menschenrechtsverletzungen durch das Regime Saddam Husseins fand bis zum Golfkrieg von 1991 bei den Regierungen in West und Ost kein Gehör.

4) Golfkonflikt und zweiter Golfkrieg 1990/91

Nach seinem Sieg im Krieg gegen den Iran sah Saddam Hussein sich als Führer der arabischen Welt und stieß Drohgebärden gegen Israel aus. Um die durch den Krieg erheblich betroffene Wirtschaft Iraks zu sanieren, versuchte Bagdad in der OPEC eine Drosselung der Ölfördermengen und eine Erhöhung des Weltmarktpreises durchzusetzen. Zudem verschärfte der Irak den Streit mit seinem südlichen Nachbar Kuweit über Ölfelder im Bereich der gemeinsamen Grenze. Am 2. August 1990 überfielen irakische Truppen Kuweit und besetzten innerhalb von 24 Stunden das gesamte Land. Saddam Hussein verkündete die »erfolgreiche Rückeroberung der 27. Provinz Iraks«. Der UNO-Sicherheitsrat forderte Bagdad zum vollständigen und bedingungslosen Truppenrückzug aus Kuweit auf (Resolution 660), verhängte zur Durchsetzung dieser Forderung umfassende Wirtschaftssanktionen gegen den Irak (Resolution 661) und stellte Saddam Hussein schließlich Ende November 1990 ein Ultimatum (Resolution 678). Nach Ablauf des Ultimatums am 15. Januar 1991 vertrieb eine vom Sicherheitsrat mandatierte Kriegsallianz unter Führung der USA die irakischen Truppen aus Kuweit. Der zweite Golfkrieg forderte das Leben von mindestens 120.000 irakischen Soldaten und rund 25.000 Zivilisten und führte zur weitgehenden Zerstörung der zivilen Infrastruktur des Landes. Nach Ende des Krieges Anfang März 1991 machte der UNO-Sicherheitsrat Irak die Auflage, sein Arsenal an Massenvernichtungswaffen und ballistischen Raketen unter internationaler Kontrolle zu zerstören und entsprechende Rüstungsprogramme zu beenden (Resolution 687). Zur Durchsetzung dieser Forderung verlängerte der Sicherheitsrat die ursprünglich im August 1990 verhängten Wirtschaftssanktionen. Für die wenig später von den USA, Großbritannien und Frankreich erklärten »Flugverbotszonen« im Nord- und Südirak und die Durchsetzung dieser Zonen mit militärischer Gewalt durch die USA und Großbritannien gibt es bis heute keine völkerrechtliche Grundlage.

5) Die Mission der Waffeninspekteure von UNSCOM und IAEO im Irak zwischen 1991 und 1998

Die Inspekteure der vom Sicherheitsrat etablierten UNO-Sonderkommission (UNSCOM) sowie der Internationalen Atomenergie-Organisation (IAEO) zerstörten zwischen Mai 1991 bis zu ihrem überhasteten Abzug Mitte Dezember 1998 rund 90 Prozent der von ihnen vorgefundenen Massenvernichtungswaffen und dazu benötigten Grundsubstanzen sowie 980 der 1000 irakischen Raketen mit Reichweiten von über 150 Kilometern. Produktionsanlagen für diese Waffen wurden von der UNSCOM unbrauchbar gemacht oder durch Sprengung vollständig zerstört. In ihrem Abschlussbericht bestätigt die UNSCOM die vollständige Beendigung des irakischen Atomwaffenprogramms. Offene Fragen verblieben in Hinblick auf die nicht zerstörten 20 ballistischen Raketen sowie auf chemische und biologische Waffen und zu deren Herstellung benötigter Grundsubstanzen, die die UNSCOM zwar nicht gefunden hatte, für deren Vorhandensein den Inspekteuren aber verschiedene Indizien vorlagen (Regierungsdokumente, Aussagen einzelner irakischer Wissenschaftler etc.).

Die UNSCOM wurde am 16. Dezember 1998 wegen der unmittelbar bevorstehenden Luftangriffe der USA und Großbritanniens auf irakische Militäranlagen abgezogen. Nach diesen Angriffen verweigerte Saddam Hussein den abgezogenen Inspekteuren die Rückkehr in den Irak. Bagdads damaliger Vorwurf, dass unter den Inspekteuren zahlreiche US-amerikanische und britische Militärs und Geheimdienstler waren, die die UNO-Mission zur Spionage und zur Auskundschaftung von Zielen für Luftangriffe missbrauchten, wurde inzwischen vom ersten Leiter der UNSCOM, Rolf Ekeus (Schweden), sowie von dem amerikanischen Inspekteur Scott Ritter[8] (USA) ausdrücklich bestätigt.

---

8 Vgl. William Rivers Pitt und Scott Ritter, »Krieg gegen den Irak. Was die Bush-Regierung verschweigt«, Köln 2002

6) Die Folgen der Wirtschaftssanktionen

Die nach dem Golfkrieg von 1991 verlängerten Wirtschaftssanktionen des UNO-Sicherheitsrates gegen den Irak haben das Regime in Bagdad bis heute kaum berührt, sondern seine Kontrolle über das Land nach Ansicht vieler Beobachter sogar noch gestärkt. Doch haben die Sanktionen verheerende Auswirkungen für die Bevölkerung des Landes. Das wird von den im Irak vertretenen humanitären Organisationen des UNO-Systems (darunter die Weltgesundheitsorganisation, das Kinderhilfswerk Unicef und das Welternährungsprogramm) seit Jahren immer wieder festgestellt. Laut Unicef sind seit 1991 fast 1,6 Millionen Iraker, darunter über 550.000 Kinder unter fünf Jahren, infolge von Mangelernährung und unzureichender medizinischer Versorgung gestorben.

Der ehemalige Koordinator des humanitären Programms im Irak und beigeordnete UNO-Generalsekretär Denis Halliday kritisiert die Sanktionen wegen ihrer Auswirkungen auf das irakische Volk bereits seit Jahren als einen Akt des Völkermordes. Halliday trat 1998 aus Protest gegen die Sanktionspolitik ebenso von seinem Amt zurück wie im März 2000 sein Nachfolger, der Deutsche Hans von Sponeck und die ebenfalls aus Deutschland stammende Leiterin des Welternährungsprogramms in Bagdad, Jutta Burghardt.

7) Das Programm »Öl für Nahrungsmittel«

Mit dem im Dezember 1996 angelaufenen Programm »Öl für Nahrungsmittel« ermöglichte der Sicherheitsrat Bagdad den Verkauf von Öl unter internationaler Kontrolle. Etwa zwei Drittel der Einnahmen aus dem Ölverkauf kann die Regierung in Bagdad für den Kauf von Nahrungsmitteln, Medikamenten und Ersatzteilen zur

Reparatur der zivilen Infrastruktur aufwenden. Die Verteilung und Verwendung der im Ausland eingekauften Waren wird von der UNO überwacht. 25 Prozent der Erlöse aus dem Ölverkauf gehen an den Kompensationsfonds der UNO in Genf. Aus dem Fonds werden die von ausländischen Privatpersonen, Firmen und Regierungen erhobenen Schadensersatzansprüche gegen Bagdad aus der Zeit des Golfkonflikts von 1990/91 beglichen, die sich auf insgesamt über 330 Milliarden US-Dollar belaufen. Doch auch mit dem Programm »Öl für Nahrungsmittel« hat sich die humanitäre Lage der irakischen Bevölkerung nur unwesentlich verbessert. Zwar konnten seit Dezember 1996 über 98 Prozent der von Bagdad im Ausland bestellten Nahrungsmittel tatsächlich auch in den Irak importiert werden. Doch bei Medikamenten liegt die Importquote nur bei knapp 75 Prozent der Bestellungen, bei medizinischen Geräten bei unter 50 Prozent und bei Ersatzteilen und Maschinen für die Reparatur von Trinkwassersystemen und anderer ziviler Infrastruktur bei rund 25 Prozent. Der Grund sind hauptsächlich Einsprüche aus dem Sanktionsausschuss des UNO-Sicherheitsrates. 98 Prozent all dieser Einsprüche kamen in den letzten sechs Jahren von den USA, der Rest von Großbritannien – fast immer mit der Begründung, die von Bagdad bestellten Güter hätten auch eine potentielle militärische Verwendung (»dual use function«). Wegen dieser Einsprüche waren Ende 2002 irakische Bestellungen im Ausland im Wert von etwa 2,4 Milliarden US-Dollar blockiert.

8) Die UNO-Waffenkontrollkommission UNMOVIC

Im November 1999 etablierte der UNO-Sicherheitsrat in seiner Resolution 1248 die »UN Monitor Observation and Inspection Commission« (UNMOVIC) als Nachfolgerin der Ende 1998 aus dem Irak abgezogenen UNSCOM. Die

Verhandlungen des UNO-Generalsekretärs mit dem Irak über die Wiederaufnahme von Rüstungsinspektionen zogen sich bis Sommer 2002 hin. Streitpunkt war unter anderem die Zusammensetzung der UNMOVIC. Bagdad wollte verhindern, dass unter dem Mantel einer UNO-Mission erneut US-amerikanische und britische Spione in den Irak kommen. Diese Gefahr ist diesmal insofern geringer, als die UNMOVIC – anders als die UNSCOM – nicht aus kurzfristig von nationalen Regierungen entsandten Personen besteht, sondern überwiegend aus langjährigen Mitarbeitern der UNO. Die Kompetenzen der UNMOVIC, die der Sicherheitsrat in seiner Resolution 1441 vom 8. November 2002 detailliert festgelegt hat, gehen weit über die Befugnisse der ehemaligen UNSCOM hinaus. So kann die UNMOVIC ohne jede Einschränkung und ohne Vorankündigung alle von ihr ausgesuchten zivilen und militärischen Anlagen im Irak untersuchen sowie irakische Wissenschaftler und ehemalige Mitarbeiter von Rüstungsprogrammen auch im Ausland befragen.

9) Der irakische Waffenbericht an die UNO vom 8. Dezember 2002

Gemäß der Auflagen der UNO-Resolution 1441 übergab Bagdad dem Sicherheitsrat am 8. Dezember 2002 einen knapp 12.000-seitigen Rüstungsbericht. Die vollständige Fassung des Berichtes liegt bis heute nur den fünf ständigen Mitgliedern des Rates (USA, Russland, China, Frankreich und Großbritannien) vor. Die zehn nichtständigen Mitglieder (darunter seit dem 1. Januar 2003 auch Deutschland) erhielten nur eine auf 3.500 Seiten gekürzte Version. In dieser Fassung fehlen nicht nur alle Informationen Bagdads, die sich möglicherweise zur Entwicklung und Herstellung von Massenvernichtungswaffen nutzen ließen. Auch die umfangreichen (vom Sicherheitsrat in der Resolution 1441 gar nicht verlangten) Angaben der Regierung Saddam Husseins über die ausländischen Firmen, die seit Ende der 70er Jahre (und in Einzelfällen auch noch nach dem Golfkrieg bis in das Jahr 2001) dem irakischen Aufrüstungsprogramm zugeliefert haben, wurden aus der Kurzfassung für die zehn nichtständigen Ratsmitglieder gestrichen.

10) Behauptungen der USA und Großbritanniens zu verbotenen Massenvernichtungswaffen und Rüstungsprogrammen des Iraks

Unter Berufung auf Erkenntnisse der eigenen Geheimdienste haben die Regierungen der USA und Großbritanniens im September 2002 konkrete Behauptungen über verbotene Massenvernichtungswaffen im Irak beziehungsweise entsprechende Rüstungsprogramme veröffentlicht. Die wichtigsten Vorwürfe aus Washington und London lauten: Irak betreibe in zwei namentlich genannten Fabriken ein Programm zur Herstellung biologischer Waffen und produziere in seiner Raketenfabrik nicht nur (erlaubte) Kurzstreckenraketen, sondern entwickle dort auch (verbotene) ballistische Raketen. Zudem unterhalte Bagdad ein geheimes Atomwaffenprogramm und habe dafür Spezial-Aluminiumröhren zum Bau einer Urananreicherungsanlage importiert sowie sich (bislang ergebnislos) »in einem afrikanischen Land« um den Ankauf von waffenfähigem Plutonium bemüht.

11) Überprüfung des irakischen Waffenberichts sowie Verlauf und Ergebnis der Rüstungsinspektionen bis Mitte Januar 2003

Am 27. November 2002 nahmen die Inspekteure der UNMOVIC und der IAEO ihre Arbeit im Irak auf. In einem

ersten Zwischenbericht an den UNO-Sicherheitsrat bescheinigten UNMOVIC-Chef Hans Blix und der IAEO-Direktor Mohammed el-Baradei der irakischen Regierung eine zufrieden stellende Kooperation mit den Inspekteuren. Diese hätten in den ersten fünf Wochen ihrer Tätigkeit im Irak weder verbotene Massenvernichtungswaffen und ballistische Raketen noch Beweise für entsprechende Rüstungsprogramme gefunden. Die Vorwürfe der USA und Großbritanniens bezüglich der Produktion biologischer Waffen und wegen ballistischer Raketen stellten sich bei einer Vorort-Überprüfung durch die UNMOVIC als falsch heraus. IAEO-Direktor el-Baradei stellte fest, Bagdads Darstellung, die Spezial-Aluminiumröhren seien für ein konventionelles Rüstungsprogramm importiert worden und nicht zur Herstellung von Atwomwaffen, habe sich bei den bisherigen Überprüfungen »mit 95-prozentiger Wahrscheinlichkeit als zutreffend herausgestellt«.
Die UMOVIC und die IAEO kritisieren allerdings, dass der irakische Rüstungsbericht an die UNO zahlreiche Fragen nach dem Verbleib mutmaßlicher Altbestände an B- und C-Waffen sowie dazu benötigter Grundsubstanzen offen lasse, die Bagdad nach von der UNSCOM bis Ende 1998 vorgefundenen Indizien vor 1991 hergestellt bzw. aus dem Ausland importiert haben soll. Bagdad erklärt hierzu, diese Vermutungen der UNSCOM seien zum Teil falsch. Im Übrigen habe man alle Altbestände zerstört. Von der UNMOVIC verlangte Dokumente, die diese Zerstörung belegen sollen, seien allerdings nicht mehr vorhanden. Bei einem Besuch in Bagdad am 19./20. Januar hat UNMOVIC-Chef Blix die irakische Führung zu einer schnellen und umfassenden Beantwortung aller noch offenen Fragen gedrängt. Am 27. Januar werden die UNMOVIC und die IAEO dem Sicherheitsrat einen ersten umfassenden Bericht vorlegen.

12) Völkerrechtliche Voraussetzungen für militärische Maßnahmen gegen Irak und die Meinungsbildung des UNO-Sicherheitsrates.

Die Voraussetzungen dafür, dass der Sicherheitsrat einen »schwer wiegenden Verstoß« des Iraks gegen die Resolution 1441 feststellen kann, sind in Artikel vier der Resolution eindeutig festgelegt: Bagdad muss sowohl in seinem Rüstungsbericht an die UNO verbotene Waffen und entsprechende Rüstungsprogramme verschwiegen als auch die Inspektionen behindert haben. Erst die Feststellung eines »schwer wiegenden Verstoßes« durch den Rat böte die Grundlage, die Bagdad in der Resolution angedrohten »schwer wiegenden Konsequenzen« in Betracht zu ziehen. Die drei ständigen Ratsmitglieder Frankreich, Russland und China sowie acht der zehn nichtständigen Mitglieder (Mexiko, Chile, Pakistan, Angola, Norwegen, Kamerun, Guinea und Syrien) sind der Meinung, dass militärische Maßnahmen gegen Irak auf jeden Fall einer zweiten Resolution des Rates mit einer völkerrechtlich eindeutigen Kriegsermächtigung bedürfen. Die USA sehen in der bisherigen Resolution 1441 eine ausreichende Grundlage für einen Krieg gegen Irak. Auch Deutschland und Bulgarien halten eine zweite Resolution zwar für wünschenswert, aber nicht unbedingt für erforderlich. Die Regierung des ständigen Ratsmitgliedes Großbritannien ist in der Frage inzwischen offen gespalten: Premierminister Blair und sein Verteidigungsminister Hoon teilen die Haltung Washingtons. Eine Gruppe von Kabinettsmitgliedern um Entwicklungshilfeministerin Short halten eine zweite Resolution für unerlässlich.

(Stand 21.1.2003)

Anhang

Resolution 687 (1991)

Verabschiedet auf der 2981. Sitzung des Sicherheitsrats am 3. April 1991

Der Sicherheitsrat,

unter Hinweis auf seine Resolutionen 660 (1990) vom 2. August 1990, 661 (1990) vom 6. August 1990, 662 (1990) vom 9. August 1990, 664 (1990) vom 18. August 1990, 665 (1990) vom 25. August, 666 (1990) vom 13. September 1990, 667 (1990) vom 16. September 1990, 669 (1990) vom 24. September 1990, 670 (1990) vom 25. September 1990, 674 (1990) vom 29. Oktober 1990, 677 (1990) vom 28. November 1990, 678 (1990) vom 29. November 1990 und 686 (1991) vom 2. März 1991,

mit Genugtuung darüber, dass Kuwait seine Souveränität, Unabhängigkeit und territoriale Integrität zurückerhalten hat und dass seine rechtmäßige Regierung zurückgekehrt ist,

in Bekräftigung der Verpflichtung aller Mitgliedsstaaten auf die Souveränität, die territoriale Integrität und die politische Unabhängigkeit Kuwaits und Iraks und feststellend, dass die mit Kuwait gemäß Ziffer 2 der Resolution 678 (1990) kooperierenden Mitgliedsstaaten ihre Absicht bekundet haben, ihre militärische Präsenz in Irak so bald wie möglich entsprechend Ziffer 8 der Resolution 686 (1991) zu beenden,

in Bekräftigung der Notwendigkeit, sich in Anbetracht der unrechtmäßigen Invasion und Besetzung Kuwaits durch Irak der friedlichen Absichten Iraks zu versichern,

Kenntnis nehmend von dem Schreiben des Ministers für Auswärtige Angelegenheiten Iraks vom 27. Februar 1991[9] und von den auf die Resolution 686 (1991) hin gesandten Schreiben[10],

feststellend, dass Irak und Kuwait als unabhängige, souveräne Staaten am 4. Oktober 1963 in Bagdad das »Einvernehmliche Protokoll zwischen dem Staat Kuwait und der Republik Irak betreffend die Wiederherstellung freundschaftlicher Beziehungen, die Anerkennung und damit zusammenhängende Angelegenheiten« unterzeichnet haben, wodurch sie die Grenze zwischen Irak und Kuwait und die Zuteilung der Inseln formell anerkannt haben, welches bei den Vereinten Nationen gemäß Artikel 102 der Charta der Vereinten Nationen registriert wurde, und in dem Irak die Unabhängigkeit und die vollständige Souveränität des Staates Kuwait innerhalb seiner Grenzen anerkannt hat, wie sie in dem vom 21. Juli 1932 datierten Schreiben des Ministerpräsidenten Iraks beschrieben und angenommen und vom Herrscher Kuwaits in seinem vom 10. August 1932 datierten Schreiben angenommen wurden,

im Bewusstsein der Notwendigkeit der Demarkation der genannten Grenze

sowie im Bewusstsein der Erklärungen Iraks, in denen der Einsatz von Waffen unter Verletzung seiner Verpflichtungen nach dem am 17. Juni 1925 in Genf unterzeichneten Genfer Protokoll über das Verbot der Verwendung von erstickenden, giftigen oder ähnlichen Gasen sowie von bakteriologischen Mitteln im Kriege[11] angedroht wurde, und seines schon früher erfolgten Einsatzes chemischer Waffen, sowie erklärend, dass jeder weitere Einsatz solcher Waffen durch Irak ernste Konsequenzen nach sich ziehen würde,

daran erinnernd, dass Irak sich der Erklärung angeschlossen hat, die von allen Teilnehmerstaaten der vom 7. bis 11. Februar 1989 in Paris abgehaltenen Konferenz der Vertragsstaaten des Genfer Pro-

9 S/22275
10 S/22273, S/22276, S/22320, S/7223221 und S/22330
11 Völkerbund, Treaty Series, Vol. XCIV (1929), Nr. 2138

tokolls von 1929 und anderer interessierter Staaten verabschiedet und in der das Ziel der weltweiten Beseitigung der chemischen und biologischen Waffen festgelegt wurde,

sowie daran erinnernd, dass Irak das Übereinkommen vom 10. April 1972 über das Verbot der Entwicklung, Herstellung und Lagerung bakteriologischer (biologischer) Waffen und von Toxinwaffen sowie über die Vernichtung solcher Waffen[12] unterzeichnet hat,

feststellend, wie wichtig es ist, dass Irak dieses Einkommen ratifiziert,

außerdem feststellend, wie wichtig es ist, dass alle Staaten diesem Übereinkommen beitreten, und der bevorstehenden Konferenz zur Überprüfung dieses Übereinkommens nahe legend, die Verbindlichkeit, Wirksamkeit und Universalität dieses Übereinkommens zu stärken,

betonend, wie wichtig es ist, dass die Abrüstungskonferenz ihre Arbeit an einer Konvention über das weltweite Verbot chemischer Waffen bald abschließt und dass dieser alle Staaten beitreten,

im Bewusstsein dessen, dass Irak in nicht provozierten Angriffen ballistische Flugkörper eingesetzt hat und dass daher spezifische Maßnahmen in Bezug auf derartige Flugkörper in Irak getroffen werden müssen,

besorgt über die Mitgliedsstaaten vorliegenden Berichte, wonach Irak versucht hat, Material für ein Kernwaffenprogramm zu erwerben, unter Zuwiderhandlung gegen seine Verpflichtungen nach dem Vertrag vom 1. Juli 1968 über die Nichtverbreitung von Kernwaffen[13],

unter Hinweis auf das Ziel der Schaffung einer kernwaffenfreien Zone in der Nahost-Region,

im Bewusstsein der Gefahr, die alle Masservernichtungswaffen für den Frieden und die Sicherheit in dem Gebiet darstellen, und der

---

12 Resolution 2826 (XXVI) der Generalversammlung
13 Resolution 2373 (XXII) der Generalversammlung

Notwendigkeit, auf die Schaffung einer von derartigen Waffen freien Zone im Nahen Osten hinzuarbeiten,

sowie im Bewusstsein des Ziels der Herbeiführung einer ausgewogenen und umfassenden Kontrolle der Rüstungen in der Region,

ferner im Bewusstsein dessen, wie wichtig es ist, dass die oben genannten Ziele unter Heranziehung aller zur Verfügung stehenden Mittel erreicht werden, insbesondere auch durch einen Dialog zwischen den Staaten der Region,

feststellend, dass mit der Resolution 686 (1991) die durch Resolution 661 (1990) verhängten Maßnahmen aufgehoben worden sind, soweit sie auf Kuwait Anwendung fanden,

feststellend, dass trotz der Fortschritte bei der Erfüllung der mit Resolution 686 (1991) auferlegten Verpflichtungen der Verbleib zahlreicher kuwaitischer Staatsangehöriger und Staatsangehöriger dritter Staaten noch immer ungeklärt ist und Vermögenswerte noch immer nicht zurückgegeben wurden,

unter Hinweis auf die am 18. Dezember 1979 in New York zur Unterzeichnung aufgelegte Internationale Konvention gegen Geiselnahme[14], die alle Geiselnahmen als Äußerungen des Internationalen Terrorismus einstuft,

unter Missbilligung der von Irak während des jüngsten Konflikts geäußerten Drohungen, terroristische Handlungen gegen Ziele außerhalb des Iraks zu begehen, sowie der Geiselnahmen durch Irak,

mit großer Sorge *Kenntnis nehmend* von den Berichten des Generalsekretärs vom 20. März 1991[15] und 28. März 1991[16] und sich dessen bewusst, dass der humanitäre Bedarf in Kuwait und Irak dringend gedeckt werden muss,

---

14 Resolution 34/146 der Generalversammlung
15 S/22366
16 S/22409

eingedenk seines Zieles der Wiederherstellung des Weltfriedens und der internationalen Sicherheit in dem Gebiet, wie es in den jüngsten Resolutionen des Sicherheitsrats dargelegt ist,

im Bewusstsein der Notwendigkeit, nach Kapitel VII der Charta die folgenden Maßnahmen zu ergreifen,

1. *bekräftigt* alle dreizehn oben genannten Resolutionen, soweit sie nicht nachstehend ausdrücklich abgeändert werden, um die Ziele dieser Resolution zu erreichen, insbesondere auch eine formelle Feuereinstellung;

A

2. *verlangt*, dass Irak und Kuwait die Unverletzlichkeit der internationalen Grenze und die Zuteilung der Inseln respektieren, wie in dem »Einvernehmlichen Protokoll zwischen dem Staat Kuwait und der Republik Irak betreffend die Wiederherstellung freundschaftlicher Beziehungen, die Anerkennung und damit zusammenhängende Angelegenheiten« dargelegt, das sie am 4. Oktober 1963 in Bagdad in Ausübung ihrer Souveränität unterzeichnet haben und das bei den Vereinten Nationen registriert worden ist, die es in dem Dokument 7063, Vereinte Nationen, Treaty Service, 1964, veröffentlicht haben;

3. *fordert* den Generalsekretär auf, seine Unterstützung zu gewähren, damit mit Irak und Kuwait Vorkehrungen für die Demarkation der Grenze zwischen Irak und Kuwait getroffen werden können, unter Heranziehung geeigneter Unterlagen, insbesondere auch der mit Dokument S/22412 des Sicherheitsrats übermittelten Karte, und dem Sicherheitsrat innerhalb eines Monats darüber Bericht zu erstatten;

4. *beschließt*, die Unverletzlichkeit der oben erwähnten internationalen Grenze zu garantieren und zu diesem Zweck je nach Bedarf alle erforderlichen Maßnahmen im Einklang mit der Charta der Vereinten Nationen zu ergreifen;

B

5. *ersucht* den Generalsekretär, nach Konsultation mit Irak und Kuwait dem Sicherheitsrat innerhalb von drei Tagen einen Plan zur Billigung vorzulegen, der die sofortige Dislozierung einer Beobachtereinheit der Vereinten Nationen vorsieht, mit dem Auftrag, den Khor Abdullah und eine entmilitarisierte Zone zu überwachen, die hiermit geschaffen wird und die sich, gemessen von der Grenze, die in dem »Einvernehmlichen Protokoll zwischen dem Staat Kuwait und der Republik Irak betreffend die Wiederherstellung freundschaftlicher Beziehungen, die Anerkennung und damit zusammenhängende Angelegenheiten« vom 4. Oktober 1963 erwähnt wird, zehn Kilometer nach Irak und fünf Kilometer nach Kuwait hinein erstreckt, sowie durch ihre Anwesenheit in der entmilitarisierten Zone und durch ihre Überwachungstätigkeit Grenzverletzungen verhindern und etwaige feindselige oder potentiell feindselige Handlungen, die von dem Hoheitsgebiet eines Staates gegen den anderen Staat unternommen werden, zu beobachten, und der außerdem vorsieht, dass der Generalsekretär dem Rat über die Tätigkeit der Einheit regelmäßig Bericht erstattet beziehungsweise sofort, wenn es zu schweren Verletzungen der Zone oder zu möglichen Bedrohungen des Friedens kommt;

6. *stellt fest*, dass, sobald der Generalsekretär dem Sicherheitsrat den Abschluss der Dislozierung der Beobachtereinheit der Vereinten Nationen bekannt gibt, die Bedingungen geschaffen sein werden, die es den mit Kuwait gemäß Resolution 678 (1990) kooperierenden Mitgliedsstaaten ermöglichen, ihre militärische Präsenz im Einklang mit Resolution 686 (1991) zu beenden;

C

7. *bittet* Irak, seine Verpflichtungen aus dem am 17. Juni 1925 in Genf unterzeichneten Genfer Protokoll über das Verbot der Verwendung von erstickenden, giftigen oder ähnlichen Gasen sowie von bakteriologischen Mitteln im Kriege bedingungslos zu bekräftigen und das Übereinkommen vom 10. April 1972 über das Verbot der Entwicklung, Herstellung und Lagerung bakteriologischer

(biologischer) Waffen und von Toxinwaffen sowie über die Vernichtung solcher Waffen zu ratifizieren;

8. *beschließt*, dass Irak die unter internationaler Aufsicht erfolgende Vernichtung, Beseitigung oder Unschädlichmachung

a) aller chemischen und biologischen Waffen und aller Kampfstoffbestände sowie aller damit zusammenhängenden Subsysteme und Komponenten und aller Forschungs-, Unterstützungs- und Produktionseinrichtungen,

b) aller ballistischen Flugkörper mit einer Reichweite von mehr als 150 Kilometern und der dazugehörigen größeren Bestandteile sowie der Reparatur- und Produktionseinrichtungen

bedingungslos zu akzeptieren hat;

9. *beschließt* zur Umsetzung von Ziffer 8 Folgendes:

a) Irak hat dem Generalsekretär innerhalb von fünfzehn Tagen nach Verabschiedung dieser Resolution eine Deklaration der Standorte, Mengen und Arten sämtlicher in Ziffer 8 aufgeführter Gegenstände vorzulegen und einer umgehenden Inspektion an Ort und Stelle, wie nachstehend ausgeführt, zuzustimmen;

b) der Generalsekretär wird im Benehmen mit den jeweiligen Regierungen und gegebenenfalls mit dem Generaldirektor der Weltgesundheitsorganisation innerhalb von fünfundvierzig Tagen nach Verabschiedung dieser Resolution einen Plan ausarbeiten und dem Rat zur Billigung vorlegen, der den Abschluss der folgenden Handlungen innerhalb von fünfundvierzig Tagen nach seiner Billigung vorsieht:

I) die Bildung einer Sonderkommission, die auf der Grundlage der Deklarationen Iraks und der Bezeichnung etwaiger zusätzlicher Orte durch die Sonderkommission selbst an Ort und Stelle eine sofortige Inspektion der biologischen, chemischen und Flugkörperkapazitäten Iraks vornimmt;

II) die Übergabe der Verfügungsgewalt über alle in Ziffer 8 a) aufgeführten Gegenstände, einschließlich der Gegenstände an von der Sonderkommission nach Ziffer 9 b) I) bezeichneten zusätzlichen Orten, durch Irak an die Sonderkommission zur Vernichtung, Beseitigung oder Unschädlichmachung unter Berücksichtigung der Erfordernisse der Sicherheit der Öffentlichkeit sowie die unter Aufsicht der Sonderkommission von Irak vorzunehmende Vernichtung seiner gesamten Flugkörperkapazitäten, einschließlich der Startgeräte, wie in Ziffer 8b) aufgeführt;

III) die Gewährung der in Ziffer 12 und 13 geforderten Unterstützung und Zusammenarbeit seitens der Sonderkommission an den Generalsekretär der Internationalen Atomenergie-Organisation;

10. *beschließt*, dass sich der Irak bedingungslos zu verpflichten hat, keinen der in Ziffer 8 und 9 aufgeführten Gegenstände einzusetzen, zu entwickeln, zu bauen oder zu erwerben, und ersucht den Generalsekretär, im Benehmen mit der Sonderkommission einen Plan für die künftige laufende Überwachung und Verifikation der Befolgung dieser Ziffer durch Irak auszuarbeiten, der dem Sicherheitsrat innerhalb von hundertzwanzig Tagen nach Verabschiedung dieser Resolution zur Billigung vorzulegen ist;

11. *bittet* Irak, seine Verpflichtungen aus dem Vertrag über die Nichtverbreitung von Kernwaffen vom 1. Juli 1968 bedingungslos zu bekräftigen;

12. *beschließt*, dass Irak bedingungslos zustimmen muss, Kernwaffen oder kernwaffenfähiges Material oder Subsysteme oder Komponenten oder damit zusammenhängende Forschungs-, Entwicklungs-, Unterstützungs- oder Produktionseinrichtungen weder zu erwerben noch zu entwickeln; dem Generalsekretär und dem Generaldirektor der Internationalen Atomenergie-Organisation innerhalb von fünfzehn Tagen nach Verabschiedung dieser Resolution eine Deklaration der Standorte, Mengen und Arten sämtlicher oben aufgeführter Gegenstände vorzulegen; sein gesamtes kernwaffenfähiges Material zur Verwahrung und Beseitigung der ausschließlichen Kontrolle der Internationalen Atomenergie-Organisation zu unterstellen, mit Unterstützung und Zusammen-

arbeit der Sonderkommission, wie in dem in Ziffer 9 b) erörterten Plan des Generalsekretärs vorgesehen; im Einklang mit den Vorkehrungen gemäß Ziffer 13 die umgehende Inspektion an Ort und Stelle sowie die Vernichtung, Beseitigung oder gegebenenfalls Unschädlichmachung sämtlicher oben aufgeführter Gegenstände zu akzeptieren sowie den in Ziffer 13 erörterten Plan für die künftige laufende Überwachung und Verifikation seiner Erfüllung dieser Verpflichtungen zu akzeptieren;

13. *ersucht* den Generalsekretär der Internationalen Atomenergie-Organisation über den Generalsekretär, mit Unterstützung und Zusammenarbeit seitens der Sonderkommission, wie in dem Plan des Generalsekretärs in Ziffer 9 b) vorgesehen, auf der Grundlage der Deklarationen Iraks und der Bezeichnung etwaiger Orte durch die Sonderkommission an Ort und Stelle eine sofortige Inspektion der Nuklearaktivitäten vorzunehmen; zur Vorlage an den Sicherheitsrat innerhalb von fünfundvierzig Tagen einen Plan auszuarbeiten, der die Vernichtung, Beseitigung oder gegebenenfalls Unschädlichmachung sämtlicher in Ziffer 12 aufgeführter Gegenstände vorsieht; den Plan innerhalb von fünfundvierzig Tagen nach seiner Billigung durch den Sicherheitsrat durchzuführen und unter Berücksichtigung der Rechte und Pflichten Iraks aus dem Vertrag über die Nichtverbreitung von Kernwaffen vom 1. Juli 1968 einen Plan für die künftige laufende Überwachung und Verifikation der Befolgung von Ziffer 12 durch Irak auszuarbeiten, der auch eine Bestandsaufnahme des gesamten der Verifikation durch die Internationale Atomenergie-Organisation unterliegenden Kernmaterials in Irak sowie Inspektionen der Internationalen Atomenergie-Organisation vorsieht, um sicherzustellen, dass die Kernmaterialüberwachung durch die Internationale Atomenergie-Organisation alle einschlägigen Nuklearaktivitäten in Irak erfasst, und den Plan innerhalb von hundertzwanzig Tagen nach der Verabschiedung dieser Resolution dem Sicherheitsrat zur Billigung vorzulegen,

14. *nimmt zur Kenntnis*, dass die von Irak gemäß Ziffer 8, 9, 10, 11, 12 und 13 dieser Resolution zu treffenden Maßnahmen Schritte in Richtung auf das Ziel der Schaffung einer Zone im Nahen Osten, die frei ist von Massenvernichtungswaffen und allen Flugkörpern

zu deren Einsatz, sowie in Richtung auf das Ziel eines weltweiten Verbotes chemischer Waffen darstellen;

D

15. *ersucht* den Generalsekretär, dem Sicherheitsrat über die Maßnahmen Bericht zu erstatten, die ergriffen worden sind, um die Rückgabe aller von Irak in seinen Besitz gebrachten kuwaitischen Vermögenswerte zu erleichtern, einschließlich eines Verzeichnisses der Vermögenswerte, die nach Angaben Kuwaits nicht zurückgegeben beziehungsweise nicht unversehrt zurückgegeben worden sind;

E

16. *erklärt erneut*, dass Irak, unbeschadet der vor dem 2. August entstandenen Schulden und Verpflichtungen Iraks, die nach den üblichen Verfahren behandelt werden, nach dem Völkerrecht für alle unmittelbaren Verluste, Schäden, einschließlich Umweltschäden und der Erschöpfung der natürlichen Ressourcen, und Beeinträchtigungen haftet, die ausländischen Regierungen, Staatsangehörigen und Unternehmen als Folge der unrechtmäßigen Invasion und Besetzung Kuwaits durch Irak entstanden sind;

17. *beschließt*, dass alle seit dem 2. August 1990 von Irak abgegebenen Erklärungen, wonach es seine Auslandsverschuldung nicht anerkennt, null und nichtig sind, und verlangt, dass Irak alle seine Schulden betreffend die Bedienung und Rückzahlung seiner Auslandsschulden genauestens erfüllt;

18. *beschließt außerdem*, einen Fonds zur Befriedung der geltend gemachten Ansprüche nach Ziffer 16 zu schaffen und eine Kommission zur Verwaltung des Fonds einzusetzen;

19. *beauftragt* den Generalsekretär, bis spätestens dreißig Tage nach Verabschiedung dieser Resolution Empfehlungen auszuarbeiten und dem Sicherheitsrat zur Beschlussfassung vorzulegen, und zwar betreffend die Zahlungen für die geltend gemachten Ansprüche durch den Fonds nach Ziffer 18 und betreffend ein Programm

zur Durchführung der Beschlüsse in Ziffer 16, 17 und 18, namentlich in Bezug auf: die Verwaltung des Fonds; Mechanismen zur Bestimmung der angemessenen Höhe des Beitrags Iraks zu dem Fonds auf der Grundlage eines Prozentsatzes des Werts der Exporte von Erdöl und Erdölprodukten aus Irak, bis zu einer Höchstgrenze, die der Generalsekretär unter Berücksichtigung der Bedürfnisse des irakischen Volkes, der Zahlungsfähigkeit Iraks, wie sie gemeinsam mit den internationalen Finanzinstitutionen unter Berücksichtigung des Auslandsschuldendienstes bewertet wird, und der Bedürfnisse der irakischen Wirtschaft dem Rat vorschlägt; Vorkehrungen zur Gewährleistung des Zahlungseingangs an den Fonds; den Prozess der Mittelzuweisung und der Erfüllung von Ansprüchen; geeignete Verfahren zur Verlustbewertung, zur Erfassung der Ansprüche, zur Prüfung ihrer Berechtigung sowie zur Regelung von Ansprüchen, bei denen Iraks Haftung nach Ziffer 16 strittig ist; und die Zusammensetzung der genannten Kommission;

F

20. *beschließt* mit sofortiger Wirkung, dass das in Resolution 661 (1990) enthaltene Verbot des Verkaufs und der Lieferung von Rohstoffen und Erzeugnissen an Irak, mit Ausnahme von Medikamenten und medizinischen Lieferungen, und das Verbot diesbezüglicher Finanztransaktionen weder Anwendung findet auf Nahrungsmittel, die dem Sicherheitsratsbeschluss gemäß Resolution 661 (1990) zur Situation zwischen Irak und Kuwait notifiziert werden, noch, vorbehaltlich der Zustimmung des Ausschusses nach dem vereinfachten und beschleunigten »Kein-Einwand-Verfahren«, auf Güter und Versorgungsgegenstände zur Deckung ziviler Grundbedürfnisse, wie sie im Bericht des Generalsekretärs vom 20. März 1991[17] und in weiteren Ermittlungen des humanitären Bedarfs durch den Ausschluss festgestellt werden;

21. *beschließt*, dass der Sicherheitsrat die Bestimmungen von Ziffer 20 in Abständen von sechzig Tagen unter Berücksichtigung der

17 S/22366

Politik und Praktiken der Regierung Iraks, insbesondere auch der Durchführung aller einschlägigen Resolutionen des Sicherheitsrats, überprüfen wird, um festzustellen, ob die darin vorgesehenen Verbote gemildert oder aufgehoben werden sollen;

22. *beschließt,* dass, sobald der Sicherheitsrat das in Ziffer 19 geforderte Programm gebilligt hat und übereingekommen ist, dass Irak alle in Ziffer 8, 9, 10, 11, 12 und 13 vorgesehenen Maßnahmen abgeschlossen hat, die in Resolution 661 (1990) enthaltenen Verbote der Einfuhr aus Irak stammender Rohstoffe und Erzeugnisse und die Verbote diesbezüglicher Finanztransaktionen nicht mehr gültig sind;

23. *beschließt,* dass der Sicherheitsrat gemäß Resolution 661 (1990) bis zu einer Beschlussfassung durch den Sicherheitsrat nach Ziffer 22 bevollmächtigt ist, Ausnahmen von dem Verbot der Einfuhr aus Irak stammender Rohstoffe und Erzeugnisse zu genehmigen, soweit dies notwendig ist, um sicherzustellen, dass auf irakischer Seite ausreichende Finanzmittel zur Durchführung der in Ziffer 20 genannten Aktivitäten vorhanden sind;

24. *beschließt,* dass alle Staaten in Übereinstimmung mit Resolution 661 (1990) und nachfolgenden diesbezüglichen Resolutionen sowie vorbehaltlich eines weiteren Beschlusses des Sicherheitsrats weiterhin Folgendes verhindern werden: den Verkauf oder die Lieferung beziehungsweise die Förderung oder Erleichterung des Verkaufs oder der Lieferung an Irak, durch ihre Staatsangehörigen oder aus ihrem Hoheitsgebiet oder mit ihren Flagge führenden Schiffen oder bei ihnen eingetragenen Luftfahrzeugen,

a) von Waffen oder Wehrmaterial aller Kategorien, unter ausdrücklicher Einbeziehung des Verkaufs oder sonstigen Transfers aller Arten konventionellen und militärischen Geräts, so auch von Gerät für paramilitärische Kräfte, sowie von Ersatz- und Einzelteilen und Mitteln zur Herstellung derartigen Geräts;

b) von unter Ziffer 8 und 12 aufgeführten und beschriebenen Gegenständen, die im Voranstehenden sonst nicht erfasst sind;

c) von Technologie im Rahmen von Lizenz- oder sonstigen Transfervereinbarungen für die Produktion, Nutzung oder Lagerung von in Buchstabe a) und b) aufgeführten Gegenständen;

d) von Personal oder Material für Ausbildungszwecke oder technische Unterstützungsdienste im Zusammenhang mit dem Entwurf, der Entwicklung, Herstellung, Nutzung, Wartung oder Instandsetzung von in Buchstabe a) und b) aufgeführten Gegenständen;

25. *fordert* alle Staaten und internationalen Organisationen auf, ungeachtet ewaiger bestehender Verträge, Vereinbarungen, Lizenzen oder sonstiger Abmachungen streng in Übereinstimmung mit Ziffer 24 zu handeln;

26. *ersucht* den Generalsekretär, in Absprache mit den in Frage kommenden Regierungen innerhalb von sechzig Tagen durch den Sicherheitsrat zu billigende Richtlinien zur Erleichterung der vollen internationalen Erfüllung von Ziffer 24 und 25 sowie von Ziffer 27 auszuarbeiten und allen Staaten zur Verfügung zu stellen sowie ein Verfahren zur regelmäßigen Aktualisierung dieser Richtlinien zu entwickeln;

27. *fordert* alle Staaten auf, nationale Kontrollen und Verfahren zu schaffen und sonstige Maßnahmen zu treffen, die den vom Sicherheitsrat nach Ziffer 26 zu erlassenden Richtlinien entsprechen, und notwendig sind, um die Befolgung der Bestimmungen von Ziffer 24 sicherzustellen, und fordert die internationalen Organisationen auf, alle geeigneten Schritte zu unternehmen, um zur Sicherstellung ihrer uneingeschränkten Befolgung beizutragen;

28. *kommt überein*, seine Beschlüsse in Ziffer 22, 23, 24 und 25, außer in Bezug auf die in Ziffer 8 und 12 aufgeführten und beschriebenen Gegenstände, in regelmäßigen Abständen, in jedem Fall jedoch hundertzwanzig Tage nach Verabschiedung dieser Resolution, zu überprüfen, wobei die Befolgung dieser Resolution durch Irak und der allgemeine Fortschritt in Richtung auf die Kontrolle der Rüstungen in der Region zu berücksichtigen sind;

29. *beschließt*, dass alle Staaten, einschließlich Iraks, die erforderlichen Maßnahmen treffen werden, um sicherzustellen, dass kein Anspruch zugelassen wird, der seitens der Regierung Iraks oder einer natürlichen oder juristischen Person in Irak oder seitens einer Person, die durch oder für eine solche natürliche oder juristische Person tätig wird, im Zusammenhang mit Verträgen oder sonstigen Transaktionen geltend gemacht wird, deren Erfüllung durch die Maßnahmen des Sicherheitsrats nach Resolution 661 (1990) und damit zusammenhängenden Resolutionen beeinträchtigt wurde;

G

30. *beschließt*, dass Irak zur Erfüllung seiner Verpflichtung, die Repatriierung aller kuwaitischen Staatsangehörigen und Staatsangehörigen dritter Staaten zu erleichtern, dem Internationalen Komitee vom Roten Kreuz jede Unterstützung zu gewähren hat, indem es Verzeichnisse dieser Personen vorlegt, den Zugang des Internationalen Komitees vom Roten Kreuz zu allen diesen Personen erleichtert, gleichviel, wo sie sich befinden oder festgehalten werden, und die Suche des Internationalen Komitees vom Roten Kreuz nach Staatsangehörigen Kuwaits und dritter Staaten zu erleichtern, deren Verbleib noch ungeklärt ist;

31. *bittet* das Internationale Komitee vom Roten Kreuz, den Generalsekretär in geeigneter Weise über alle Aktivitäten unterrichtet zu halten, die im Zusammenhang mit der Erleichterung der Repatriierung oder Rückkehr aller am oder nach dem 2. August 1990 in Irak anwesenden Staatsangehörigen Kuwaits und dritter Staaten, beziehungsweise der Rückgabe ihrer sterblichen Überreste, unternommen werden;

H

32. *verlangt*, dass Irak dem Sicherheitsrat mitteilt, dass es Handlungen des internationalen Terrorismus weder begehen noch unterstützen wird und dass es Organisationen, deren Ziel die Begehung derartiger Handlungen ist, nicht gestattet wird, auf seinem Hoheitsgebiet zu operieren, und dass es alle terroristischen Handlun-

gen, Methoden und Praktiken unmissverständlich verurteilt und davon Abstand nimmt;

I

33. *erklärt*, dass, sobald Irak dem Generalsekretär und dem Sicherheitsrat offiziell die Annahme der vorstehenden Bestimmungen notifiziert, eine formelle Feuereinstellung zwischen Irak und Kuwait und den mit Kuwait gemäß Resolution 678 (1990) kooperierenden Mitgliedsstaaten in Kraft tritt;

34. *beschließt*, mit dieser Angelegenheit befasst zu bleiben und alle weiteren für die Durchführung dieser Resolution und für die Gewährleistung des Friedens und der Sicherheit in dem Gebiet erforderlichen Schritte zu unternehmen.

Resolution 1284 (1999)

Verabschiedet auf der 4084. Sitzung des Sicherheitsrats am 17. Dezember 1999

Der Sicherheitsrat,

unter Hinweis auf seine früheren einschlägigen Resolutionen, insbesondere die Resolutionen 661 (1990) vom 6. August 1990, 687 (1991) vom 3. April 1991, 699 (1991) vom 17. Juni 1991, 707 (1991) vom 15. August 1991, 715 (1991) vom 11. Oktober 1991, 986 (1995) vom 14. April 1995, 1051 (1996) vom 27. März 1996, 1153 (1998) vom 20. Februar 1998, 1175 (1998) vom 19. Juni 1998, 1242 (1999) vom 21. Mai 1999 und 1266 (1999) vom 4. Oktober 1999,

daran erinnernd, dass der Rat in seiner Resolution 715 (1991) die vom Generalsekretär und vom Generaldirektor der Internationalen Atomenergie-Organisation (IAEO) in Übereinstimmung mit den Ziffern 10 und 13 der Resolution 687 (1991) vorgelegten Pläne für die künftige laufende Überwachung und Verifikation gebilligt hat,

mit Genugtuung über die Berichte der drei Sachverständigengruppen für Irak (S/1999/356) und

nach umfassender Prüfung dieser Berichte und der darin enthaltenen Empfehlungen,

betonend, wie wichtig ein umfassender Ansatz zur vollinhaltlichen Durchführung aller einschlägigen Resolutionen des Sicherheitsrats zu Irak ist und dass Irak diese Resolutionen zu befolgen hat,

unter Hinweis auf die in Ziffer 14 der Resolution 687 (1991) genannten Ziele der Schaffung einer von Massenvernichtungswaffen und allen für ihren Einsatz erforderlichen Flugkörpern freien Zone im Nahen Osten sowie eines weltweiten Verbots chemischer Waffen, *besorgt* über die humanitäre Lage in Irak und entschlossen, diese Lage zu verbessern,

mit Besorgnis daran erinnernd, dass Irak die Repatriierung aller am oder nach dem 2. August 1990 in Irak anwesenden Staatsangehörigen Kuwaits und dritter Staaten beziehungsweise die Rückgabe ihrer sterblichen Überreste nach Ziffer 2 c) der Resolution 686 (1991) vom 2. März 1991 und Ziffer 30 der Resolution 687 (1991) noch nicht voll durchgeführt hat,

daran erinnernd, dass der Rat in seinen Resolutionen 686 (1991) und 687 (1991) verlangt hat, dass Irak alle von ihm beschlagnahmten kuwaitischen Vermögenswerte so rasch wie möglich zurückgibt, und

mit Bedauern *feststellend*, dass Irak dieser Forderung noch immer nicht voll nachgekommen ist,

in Anerkennung der Fortschritte, die Irak bei der Einhaltung der Bestimmungen der Resolution 687 (1991) erzielt hat, jedoch

feststellend, dass infolge seiner unvollständigen Durchführung der einschlägigen Ratsresolutionen nicht die Bedingungen vorliegen, die es dem Rat gestatten würden, einen Beschluss gemäß Resolution 687 (1991) über die Aufhebung der in dieser Resolution genannten Verbote zu fassen,

erneut erklärend, dass alle Mitgliedstaaten für die Souveränität, die territoriale Unversehrtheit und die politische Unabhängigkeit Kuwaits, Iraks und der Nachbarstaaten eintreten,

tätig werdend nach Kapitel VII der Charta der Vereinten Nationen und berücksichtigend, dass der Beschlussteil dieser Resolution mit früheren nach Kapitel VII der Charta verabschiedeten Resolutionen in Beziehung steht,

A

1. *beschließt*, als Nebenorgan des Rates die Überwachungs-, Verifikations- und Inspektionskommission der Vereinten Nationen

(UNMOVIC) zu schaffen, die an die Stelle der nach Ziffer 9 b) der Resolution 687 (1991) eingerichteten Sonderkommission tritt;

2. *beschließt außerdem*, dass die UNMOVIC die Aufgaben wahrnehmen wird, die der Rat der Sonderkommission im Hinblick auf die Verifikation der Einhaltung der Verpflichtungen Iraks nach den Ziffern 8, 9 und 10 der Resolution 687 (1991) und anderen damit zusammenhängenden Resolutionen übertragen hat, dass die UNMOVIC, wie von der Sachverständigengruppe für Abrüstung und Fragen der derzeitigen und künftigen laufenden Überwachung und Verifikation empfohlen, ein verstärktes System der laufenden Überwachung und Verifikation einrichten und anwenden wird, das der Umsetzung des vom Rat in Resolution 715 (1991) gebilligten Plans und der Behandlung der noch ungelösten Abrüstungsfragen dienen wird, und dass die UNMOVIC erforderlichenfalls im Einklang mit ihrem Mandat weitere Standorte in Irak bezeichnen wird, die durch das verstärkte System der laufenden Überwachung und Verifikation erfasst werden sollen;

3. *bekräftigt* die Bestimmungen der einschlägigen Resolutionen betreffend die Rolle der IAEO bei der Kontrolle der Einhaltung der Ziffern 12 und 13 der Resolution 687 (1991) und anderer damit zusammenhängender Resolutionen durch Irak und ersucht den Generaldirektor der IAEO, mit Unterstützung der UNMOVIC und in Zusammenarbeit mit ihr diese Aufgabe auch weiterhin wahrzunehmen;

4. *bekräftigt* seine Resolutionen 687 (1991), 699 (1991), 707 (1991), 715 (1991), 1051 (1996), 1154 (1998) und alle anderen einschlägigen Resolutionen und Erklärungen seines Präsidenten, in denen die Kriterien für die Einhaltung der Verpflichtungen durch Irak festgelegt sind,

bekräftigt, dass die in diesen Resolutionen und Erklärungen genannten Verpflichtungen Iraks, was die Zusammenarbeit mit der Sonderkommission, ungehinderten Zugang und die Bereitstellung von Informationen betrifft, auf die UNMOVIC Anwendung finden, und beschließt insbesondere, dass Irak allen UNMOVIC-Teams sofortigen, bedingungslosen und uneingeschränkten Zugang zu sämtlichen Bereichen, Einrichtungen, Ausrüstungsgegenständen, Unterlagen und Transportmitteln zu gestatten hat, die sie gemäß dem Mandat der UNMOVIC zu inspizieren wünschen, sowie zu allen Amtsträgern und sonstigen der irakischen Regierung unterstehenden Personen, die die UNMOVIC zu befragen wünscht, damit die UNMOVIC ihr Mandat voll wahrnehmen kann;

5. *ersucht* den Generalsekretär, innerhalb von 30 Tagen nach der Verabschiedung dieser Resolution nach Konsultationen mit dem Rat und vorbehaltlich seiner Zustimmung einen Exekutivvorsitzenden der UNMOVIC zu ernennen, der seine mandatsmäßigen Funktionen so bald wie möglich aufnehmen wird, und im Benehmen mit dem Exekutivvorsitzenden und den Ratsmitgliedern entsprechend qualifizierte Sachverständige als ein Kollegium von Fachkommissaren der UNMOVIC zu ernennen, das regelmäßig zusammentreten wird, um die Durchführung dieser und anderer einschlägiger Resolutionen zu überprüfen und dem Exekutivvorsitzenden sachverständigen Rat und Anleitung zu geben, so auch zu wichtigen grundsatzpolitischen Entscheidungen und zu den schriftlichen Berichten, die dem Rat über den Generalsekretär vorzulegen sind;

6. *ersucht* den Exekutivvorsitzenden der UNMOVIC, dem Rat innerhalb von 45 Tagen nach seiner Ernennung im Benehmen mit dem Generalsekretär und über diesen zur Billigung durch den Rat einen Organisationsplan für die UNMOVIC vorzulegen, der ihre Struktur, ihren Personalbedarf, Managementleitlinien, Rekrutierungs- und Schulungsverfahren enthält, gegebenenfalls unter Berücksichtigung der Empfehlungen der Sachverständigengruppe für Abrüstung und Fragen der derzeitigen und künftigen laufenden Überwachung und Verifikation, und insbesondere unter Berücksichtigung der Notwendigkeit einer wirksamen kooperativen Leitungsstruktur der neuen Organisation und ihrer Ausstattung mit entsprechend qualifiziertem und erfahrenem Personal, dessen Angehörige als internationale Beamte nach Artikel 100 der Charta der Vereinten Nationen angesehen und auf möglichst breiter geographischer Grundlage eingestellt würden, darunter auch von internationalen Rüstungskontrollorganisationen, wenn der Exekutivvorsitzende dies für erforderlich hält, sowie der Notwendigkeit,

die bestmögliche technische und kulturelle Ausbildung zu gewährleisten;

7. *beschließt*, dass die UNMOVIC und die IAEO spätestens 60 Tage nach Beginn ihrer Tätigkeit in Irak zur Genehmigung durch den Rat jeweils ein Arbeitsprogramm für die Wahrnehmung ihres Mandats ausarbeiten werden, das sowohl die Umsetzung des verstärkten Systems der laufenden Überwachung und Verifikation und die wichtigsten noch verbleibenden Abrüstungsaufgaben enthält, die Irak noch abschließen muss, um seinen Abrüstungsverpflichtungen aufgrund der Resolution 687 (1991) und der anderen damit zusammenhängenden Resolutionen nachzukommen, die der Maßstab für die Einhaltung der Verpflichtungen durch Irak sind, und

beschließt ferner, dass klar und genau festzulegen ist, was Irak zur Erfüllung jeder Aufgabe zu tun hat;

8. *ersucht* den Exekutivvorsitzenden der UNMOVIC und den Generaldirektor der IAEO, gegebenenfalls unter Heranziehung der Sachkenntnis anderer internationaler Organisationen eine Gruppe mit der Aufgabenstellung der gemeinsamen Gruppe zu schaffen, die von der Sonderkommission und vom Generaldirektor der IAEO nach Ziffer 16 des mit Resolution 1051 (1996) gebilligten Aus- und Einfuhr-Mechanismus gebildet wurde, und

ersucht den Exekutivvorsitzenden der UNMOVIC außerdem, im Benehmen mit dem Generaldirektor der IAEO die Revision und Aktualisierung der Verzeichnisse der Gegenstände und Technologien wieder aufzunehmen, auf die dieser Mechanismus Anwendung findet;

9. *beschließt*, dass die Regierung Iraks für die vollen Kosten der UNMOVIC und der IAEO im Zusammenhang mit deren Tätigkeit nach dieser und anderen damit zusammenhängenden Resolutionen zu Irak aufzukommen hat;

10. *ersucht* die Mitgliedstaaten, mit der UNMOVIC und der IAEO bei der Wahrnehmung ihres Mandats voll zusammenzuarbeiten;

11. *beschließt*, dass die UNMOVIC alle Vermögenswerte, Verbindlichkeiten und Archive der Sonderkommission übernimmt und dass sie in den zwischen der Sonderkommission und Irak und zwischen den Vereinten Nationen und Irak bestehenden Abkommen an die Stelle der Sonderkommission tritt, und

erklärt, dass der Exekutivvorsitzende, die Fachkommissare und das Personal der UNMOVIC die Rechte, Vorrechte, Erleichterungen und Immunitäten der Sonderkommission genießen;

12. *ersucht* den Exekutivvorsitzenden der UNMOVIC, dem Rat über den Generalsekretär nach Konsultationen mit den Fachkommissaren alle drei Monate über die Arbeit der UNMOVIC Bericht zu erstatten, bis die ersten Berichte nach Ziffer 33 vorgelegt werden, und ihm sofort zu melden, wenn das verstärkte System der laufenden Überwachung und Verifikation in Irak voll einsatzfähig ist;

B

13. *erklärt erneut*, dass Irak zur Erfüllung seiner Verpflichtung, wie in Ziffer 30 der Resolution 687 (1991) erwähnt, die Repatriierung aller Staatsangehörigen Kuwaits und dritter Staaten zu erleichtern, verpflichtet ist, dem Internationalen Komitee vom Roten Kreuz jede erforderliche Unterstützung zu gewähren, und

fordert die Regierung Iraks auf, ihre Zusammenarbeit mit der Dreiparteienkommission und dem Technischen Unterausschuss, die geschaffen wurden, um die Arbeit zu dieser Frage zu erleichtern, wieder aufzunehmen;

14. *ersucht* den Generalsekretär, dem Rat alle vier Monate darüber Bericht zu erstatten, inwieweit Irak seine Verpflichtungen hinsichtlich der Repatriierung aller Staatsangehörigen Kuwaits und dritter Staaten beziehungsweise der Rückgabe ihrer sterblichen Überreste erfüllt, alle sechs Monate über die Rückgabe aller von Irak beschlagnahmten kuwaitischen Vermögenswerte, einschließlich der Archive, Bericht zu erstatten und einen hochrangigen Koordinator für diese Fragen zu ernennen;

C

15. *ermächtigt* die Staaten, unbeschadet der Bestimmungen der Ziffern 3 a), 3 b) und 4 der Resolution 661 (1990) und der danach verabschiedeten einschlägigen Resolutionen die Einfuhr von Erdöl und Erdölprodukten aus Irak, einschließlich der unmittelbar damit zusammenhängenden finanziellen und sonstigen unabdingbaren Transaktionen, in dem Umfang zu gestatten, der für die Zwecke erforderlich ist und zu den Bedingungen erfolgt, die in Ziffer 1 a) und b) und den nachfolgenden Bestimmungen der Resolution 986 (1995) und der damit zusammenhängenden Resolutionen festgelegt sind;

16. *unterstreicht* in diesem Zusammenhang seine Absicht, weitere Maßnahmen zu ergreifen, namentlich auch die Genehmigung der Benutzung zusätzlicher Exportrouten für Erdöl und Erdölprodukte unter geeigneten Bedingungen, soweit mit dem Zweck und den Bestimmungen der Resolution 986 (1995) und der damit zusammenhängenden Resolutionen vereinbar;

17. *weist* den Ausschuss nach Resolution 661 (1990) *an*, auf der Grundlage der Vorschläge des Generalsekretärs Listen humanitärer Hilfsgüter zu genehmigen, einschließlich Nahrungsmittel, pharmazeutischer und medizinischer Versorgungsgüter sowie grundlegender oder standardmäßiger medizinischer und landwirtschaftlicher Ausrüstungsgegenstände und grundlegender oder standardmäßiger Lehrmaterialien,

beschließt unbeschadet Ziffer 3 der Resolution 661 (1991) und Ziffer 20 der Resolution 687 (1991), dass die Lieferungen dieser Güter dem Ausschuss nicht zur Genehmigung vorzulegen sind, mit Ausnahme der Güter, die den Bestimmungen der Resolution 1051 (1996) unterliegen, und dass sie dem Generalsekretär notifiziert und im Einklang mit Ziffer 8 a) und 8 b) der Resolution 986 (1995) finanziert werden, und ersucht den Generalsekretär, den Ausschuss rechtzeitig von allen eingegangenen Notifikationen und den ergriffenen Maßnahmen in Kenntnis zu setzen;

18. *ersucht* den Ausschuss nach Resolution 661 (1991), im Einklang mit den Resolutionen 1175 (1998) und 1210 (1998) eine

Gruppe von Sachverständigen zu ernennen, einschließlich unabhängiger Inspektoren, die vom Generalsekretär im Einklang mit Ziffer 6 der Resolution 986 (1995) ernannt werden,

beschließt, dass diese Gruppe den Auftrag haben wird, rasch Kaufverträge für die Ersatzteile und Ausrüstungsgegenstände zu genehmigen, die Irak benötigt, um seine Exporte von Erdöl und Erdölprodukten zu erhöhen, nach Maßgabe der von dem Ausschuss für jedes einzelne Projekt genehmigten Listen von Ersatzteilen und Ausrüstungsgegenständen, und ersucht den Generalsekretär, auch weiterhin für die Überwachung dieser Ersatzteile und Ausrüstungsgegenstände innerhalb Iraks Sorge zu tragen;

19. *ermutigt* die Mitgliedstaaten und die internationalen Organisationen, Irak zusätzliche humanitäre Hilfsgüter und publiziertes Bildungsmaterial zukommen zu lassen;

20. *beschließt,* für einen Anfangszeitraum von 6 Monaten ab dem Tag der Verabschiedung dieser Resolution und vorbehaltlich der Überprüfung die Durchführung von Ziffer 8 g) der Resolution 986 (1995) auszusetzen;

21. *ersucht* den Generalsekretär, Maßnahmen zu ergreifen, um gegebenenfalls unter Heranziehung des Rates von Fachleuten, namentlich von Vertretern internationaler humanitärer Organisationen, die Wirksamkeit der in Resolution 986 (1995) und damit zusammenhängenden Resolutionen festgelegten Regelungen, namentlich ihren humanitären Nutzeffekt für die irakische Bevölkerung in allen Landesteilen, zu optimieren, und

ersucht den Generalsekretär *ferner,* den Beobachtungsprozess der Vereinten Nationen in Irak auch künftig nach Bedarf zu verstärken, indem er sicherstellt, dass alle im Rahmen des humanitären Programms gelieferten Hilfsgüter wie genehmigt verwendet werden, dem Rat alle Umstände zur Kenntnis zu bringen, die die wirksame und gerechte Verteilung dieser Güter verhindern oder behindern, und den Rat über die zur Durchführung dieser Ziffer ergriffenen Maßnahmen unterrichtet zu halten;

22. *ersucht* den Generalsekretär *außerdem*, die Kosten der Tätigkeiten der Vereinten Nationen im Zusammenhang mit der Durchführung der Resolution 986 (1995) sowie die Kosten der von ihm im Einklang mit den Ziffern 6 und 7 der Resolution 986 (1995) ernannten unabhängigen Inspektoren und Wirtschaftsprüfer möglichst gering zu halten;

23. *ersucht* den Generalsekretär *ferner*, Irak und dem Ausschuss nach Resolution 661 (1990) eine tägliche Aufstellung der Finanzlage des durch Ziffer 7 der Resolution 986 (1995) eingerichteten Treuhandkontos zur Verfügung zu stellen;

24. *ersucht* den Generalsekretär, vorbehaltlich der Genehmigung durch den Sicherheitsrat, alle erforderlichen Vorkehrungen zu treffen, damit Gelder, die auf das durch Resolution 986 (1995) eingerichtete Treuhandkonto eingezahlt werden, für den Kauf örtlich hergestellter Güter und zur Deckung der örtlichen Kosten für den Grundbedarf der Zivilbevölkerung verwendet werden können, die im Einklang mit Resolution 986 (1995) und damit zusammenhängenden Resolutionen finanziert wurden, gegebenenfalls einschließlich der Einrichtungs- und Ausbildungskosten;

25. *weist* den Ausschuss nach Resolution 661 (1990) *an*, über alle Anträge auf Lieferung humanitärer oder zur Deckung des Grundbedarfs der Zivilbevölkerung erforderlicher Hilfsgüter innerhalb von zwei Werktagen nach Eingang dieser Anträge vom Generalsekretär zu beschließen und sicherzustellen, dass alle vom Ausschuss ausgestellten Genehmigungs- und Notifikationsschreiben eine konkrete Lieferfrist enthalten, je nach Art der zu liefernden Güter, und ersucht den Generalsekretär, dem Ausschuss alle Anträge auf Lieferung humanitärer Hilfsgüter zu notifizieren, die in der Liste enthalten sind, auf die der mit Resolution 1051 (1996) gebilligte Aus- und Einfuhr-Mechanismus Anwendung findet;

26. *beschließt*, dass Flüge für Haddsch-Pilgerfahrten, die keine Fracht nach Irak oder von Irak befördern, von den Bestimmungen der Ziffer 3 der Resolution 661 (1990) und der Resolution 670 (1990) ausgenommen sind, vorausgesetzt, dass jeder Flug dem Ausschuss nach Resolution 661 (1990) rechtzeitig notifiziert wird,

und *ersucht* den Generalsekretär, die erforderlichen Regelungen zur Genehmigung durch den Sicherheitsrat zu treffen, damit angemessene Ausgaben im Zusammenhang mit der Haddsch-Pilgerfahrt aus dem mit Resolution 986 (1995) eingerichteten Treuhandkonto bestritten werden können;

27. *fordert* die Regierung Iraks *auf*,

I) alle Maßnahmen zu ergreifen, um die rechtzeitige und gerechte Verteilung aller humanitären Hilfsgüter, insbesondere medizinischer Versorgungsgüter, sicherzustellen und Verzögerungen in ihren Lagerhäusern zu beheben und zu vermeiden;

II) die Bedürfnisse von hilfsbedürftigen Gruppen, unter anderem von Kindern, Schwangeren, Behinderten, älteren Menschen und psychisch Kranken, wirksam zu decken und den Organisationen der Vereinten Nationen und humanitären Organisationen freieren Zugang zu allen Gebieten und Bevölkerungsteilen zum Zweck der Evaluierung des Ernährungszustands und der humanitären Verhältnisse zu gewähren, ohne jede Diskriminierung, namentlich aufgrund der Religion oder Nationalität;

III) für die Anträge auf Lieferung humanitärer Hilfsgüter aufgrund der Regelungen nach Resolution 986 (1995) und damit zusammenhängenden Resolutionen die Priorität festzulegen;

IV) sicherzustellen, dass die gegen ihren Willen Vertriebenen humanitäre Hilfe erhalten, ohne nachweisen zu müssen, dass sie sich seit bereits sechs Monaten an ihrem vorübergehenden Wohnort aufhalten;

V) dem Minenräumprogramm des Büros der Vereinten Nationen für Projektdienste in den drei nördlichen Provinzen Iraks uneingeschränkte Zusammenarbeit zu gewähren und die Einleitung von Minenräummaßnahmen in anderen Provinzen in Erwägung zu ziehen;

28. *ersucht* den Generalsekretär, spätestens 60 Tage nach der Verabschiedung dieser Resolution und danach je nach dem Aktualisie-

rungsbedarf über die Fortschritte bei der Deckung des humanitären Bedarfs des irakischen Volkes und über die zur Deckung dieses Bedarfs erforderlichen Einnahmen Bericht zu erstatten und dabei auch, auf der Grundlage einer umfassenden Untersuchung der Situation des irakischen Erdölsektors, Empfehlungen darüber abzugeben, in welchem Umfang die derzeit für Ersatzteile und Ausrüstungsgegenstände für die Erdölindustrie angesetzten Mittel zu erhöhen sind;

29. *bekundet* seine Bereitschaft, auf der Grundlage des in Ziffer 28 erbetenen Berichts und der darin enthaltenen Empfehlungen eine Erhöhung der derzeit angesetzten Mittel für Ersatzteile und Ausrüstungsgegenstände für die Erdölindustrie zu genehmigen, um die in Resolution 986 (1995) und damit zusammenhängenden Resolutionen genannten humanitären Ziele zu erreichen;

30. *ersucht* den Generalsekretär, eine Sachverständigengruppe einzusetzen, der auch Experten aus der Erdölindustrie angehören, mit dem Auftrag, innerhalb von 100 Tagen nach der Verabschiedung dieser Resolution über die derzeitige Erdölproduktions- und -exportkapazität Iraks Bericht zu erstatten und nach Bedarf zu aktualisierende Empfehlungen darüber abzugeben, welche verschiedenen Möglichkeiten bestehen, um die Erdölproduktions- und -exportkapazität Iraks in einer Weise zu erhöhen, die mit den Zielen der einschlägigen Resolutionen vereinbar ist, und welche Möglichkeiten es gibt, ausländische Erdölgesellschaften am irakischen Erdölsektor zu beteiligen, so auch durch Investitionen, vorbehaltlich einer entsprechenden Überwachung und Kontrolle;

31. *stellt fest*, dass der Rat für den Fall, dass er wie in Ziffer 33 dieser Resolution vorgesehen tätig wird, um die darin genannten Verbote aufzuheben, rechtzeitig im Voraus geeignete Regelungen und Verfahren vorbehaltlich Ziffer 35 dieser Resolution vereinbaren muss, einschließlich der Aussetzung der Bestimmungen der Resolution 986 (1995) und damit zusammenhängender Resolutionen;

32. *ersucht* den Generalsekretär, dem Rat innerhalb von 30 Tagen nach der Verabschiedung dieser Resolution über die Durchführung der Ziffern 15 bis 30 Bericht zu erstatten;

33. *bekundet seine Absicht*, nach Eingang der Berichte des Exekutivvorsitzenden der UNMOVIC und des Generaldirektors der IAEO, aus denen hervorgeht, dass Irak in jeder Hinsicht mit der UNMOVIC und der IAEO zusammengearbeitet hat, insbesondere bei der Durchführung der Arbeitsprogramme in allen in Ziffer 7 genannten Aspekten, für einen Zeitraum von 120 Tagen nach dem Tag, an dem der Rat sowohl von der UNMOVIC als auch von der IAEO Berichte erhält, wonach das verstärkte System der laufenden Überwachung und Verifikation voll einsatzfähig ist, mit dem grundlegenden Ziel der Verbesserung der humanitären Lage in Irak und der Gewährleistung der Durchführung der Resolutionen des Rates für einen vom Rat verlängerbaren Zeitraum von 120 Tagen und vorbehaltlich der Ausarbeitung wirksamer finanzieller und sonstiger operativer Maßnahmen, die sicherstellen, dass Irak keine verbotenen Gegenstände erwirbt, die Verbote der Einfuhr aus Irak stammender Güter und Produkte und die Verbote des Verkaufs und der Lieferung von für die Zivilbevölkerung bestimmten Gütern und Produkten, die nicht in Ziffer 24 der Resolution 687 (1991) genannt werden oder auf die der mit Resolution 1051 (1996) geschaffene Mechanismus Anwendung findet, auszusetzen;

34. *beschließt*, dass der Exekutivvorsitzende der UNMOVIC bei der Berichterstattung an den Rat für die Zwecke der Ziffer 33 seiner Bewertung die Fortschritte bei der Erfüllung der in Ziffer 7 genannten Aufgaben zugrunde legen wird;

35. *beschließt*, dass für den Fall, dass der Exekutivvorsitzende der UNMOVIC oder der Generaldirektor der IAEO zu irgendeinem Zeitpunkt berichtet, dass Irak nicht in jeder Hinsicht mit der UNMOVIC oder der IAEO zusammenarbeitet oder dass Irak dabei ist, verbotene Gegenstände zu erwerben, die Aussetzung der in Ziffer 33 genannten Verbote am fünften Werktag nach Eingang dieses Berichts endet, sofern der Rat nichts anderes beschließt;

36. *bekundet seine Absicht*, Regelungen für wirksame finanzielle oder sonstige operative Maßnahmen, einschließlich für die Liefe-

rung und Bezahlung genehmigter, für die Zivilbevölkerung bestimmter Güter und Produkte, die an Irak verkauft oder geliefert werden sollen, zu billigen, um sicherzustellen, dass Irak für den Fall der Aussetzung der in Ziffer 33 genannten Verbote keine verbotenen Gegenstände erwirbt, mit der Ausarbeitung dieser Maßnahmen spätestens am Tag des Eingangs der in Ziffer 33 genannten ersten Berichte zu beginnen und die genannten Regelungen vor der Beschlussfassung des Rates nach Ziffer 33 zu billigen;

37. *bekundet ferner seine Absicht*, auf der Grundlage des in Ziffer 30 erbetenen Berichts und der darin enthaltenen Empfehlungen und im Einklang mit dem Zweck der Resolution 986 (1995) und der damit zusammenhängenden Resolutionen Maßnahmen zu ergreifen, um Irak die Ausweitung seiner Erdölproduktions- und -exportkapazität zu ermöglichen, sobald die Berichte nach Ziffer 33 eingehen, dass Irak mit der UNMOVIC und der IAEO in jeder Hinsicht zusammenarbeitet;

38. *bekräftigt* seine Absicht, im Einklang mit den einschlägigen Bestimmungen der Resolution 687 (1991) über die Aufhebung der darin genannten Verbote tätig zu werden;

39. *beschließt*, mit der Angelegenheit aktiv befasst zu bleiben, und

bekundet seine Absicht, spätestens 12 Monate nach der Verabschiedung dieser Resolution Maßnahmen im Einklang mit Ziffer 33 in Erwägung zu ziehen, vorausgesetzt, dass Irak die in Ziffer 33 genannten Bedingungen erfüllt hat.

Resolution 1441 (2002)

verabschiedet auf der 4644. Sitzung des Sicherheitsrats am 8. November 2002

Der Sicherheitsrat,

unter Hinweis auf alle seine früheren einschlägigen Resolutionen, insbesondere seine Resolutionen 661 (1990) vom 6. August 1990, 678 (1990) vom 29. November 1990, 686 (1991) vom 2. März 1991, 687 (1991) vom 3. April 1991, 688 (1991) vom 5. April 1991, 707 (1991) vom 15. August 1991, 715 (1991) vom 11. Oktober 1991, 986 (1995) vom 14. April 1995 und 1284 (1999) vom 17. Dezember 1999 sowie alle einschlägigen Erklärungen seines Präsidenten,

sowie unter Hinweis auf seine Resolution 1382 (2001) vom 29. November 2001 und seine Absicht, diese vollständig durchzuführen,

in Erkenntnis der Bedrohung, die Iraks Nichtbefolgung der Resolutionen des Rates sowie die Verbreitung von Massenvernichtungswaffen und Langstreckenflugkörpern für den Weltfrieden und die internationale Sicherheit darstellen,

daran erinnernd, dass die Mitgliedstaaten durch seine Resolution 678 (1990) ermächtigt wurden, alle erforderlichen Mittel einzusetzen, um seiner Resolution 660 (1990) vom 2. August 1990 und allen nach Resolution 660 (1990) verabschiedeten einschlägigen Resolutionen Geltung zu verschaffen und sie durchzuführen und den Weltfrieden und die internationale Sicherheit in dem Gebiet wiederherzustellen,

ferner daran erinnernd, dass er als notwendigen Schritt zur Herbeiführung seines erklärten Ziels der Wiederherstellung des Weltfriedens und der internationalen Sicherheit in dem Gebiet Irak mit seiner Resolution 687 (1991) Verpflichtungen auferlegte,

missbilligend, dass Irak die in Resolution 687 (1991) verlangte genaue, vollständige und endgültige Offenlegung aller Aspekte seiner Programme zur Entwicklung von Massenvernichtungswaffen und von ballistischen Flugkörpern mit einer Reichweite von mehr als 150 Kilometern sowie aller seiner Bestände derartiger Waffen, ihrer Komponenten und Produktionseinrichtungen und ihrer Standorte sowie aller sonstigen Nuklearprogramme, einschließlich jener, bezüglich derer Irak geltend macht, dass sie nicht Zwecken im Zusammenhang mit kernwaffenfähigem Material dienen, nicht vorgenommen hat,

ferner missbilligend, dass Irak den sofortigen, bedingungslosen und uneingeschränkten Zugang zu den von der Sonderkommission der Vereinten Nationen (UNSCOM) und der Internationalen Atomenergie-Organisation (IAEO) bezeichneten Stätten wiederholt behindert hat und dass Irak nicht, wie in Resolution 687 (1991) gefordert, voll und bedingungslos mit den Waffeninspektoren der UNSCOM und der IAEO kooperiert hat und schließlich 1998 jede Zusammenarbeit mit der UNSCOM und der IAEO eingestellt hat,

missbilligend, dass die in den einschlägigen Resolutionen geforderte internationale Überwachung, Inspektion und Verifikation von Massenvernichtungswaffen und ballistischen Flugkörpern in Irak seit Dezember 1998 nicht mehr stattfindet, obwohl der Rat wiederholt verlangt hat, dass Irak der in Resolution 1284 (1999) als Nachfolgeorganisation der UNSCOM eingerichteten Überwachungs-, Verifikations- und Inspektionskommission der Vereinten Nationen (UNMOVIC) und der IAEO sofortigen, bedingungslosen und uneingeschränkten Zugang gewährt, sowie mit Bedauern über die dadurch verursachte Verlängerung der Krise in der Region und des Leids der irakischen Bevölkerung,

sowie missbilligend, dass die Regierung Iraks ihren Verpflichtungen nach Resolution 687 (1991) betreffend den Terrorismus, nach Resolution 688 (1991) betreffend die Beendigung der Unterdrükkung seiner Zivilbevölkerung und die Gewährung des Zugangs für die internationalen humanitären Organisationen zu allen hilfsbedürftigen Personen in Irak sowie nach den Resolutionen 686 (1991), 687 (1991) und 1284 (1999) betreffend die Repatriierung von Staatsangehörigen Kuwaits und dritter Staaten, die von Irak widerrechtlich festgehalten werden, die Zusammenarbeit bei der Klärung ihres Verbleibs sowie die Rückgabe aller von Irak widerrechtlich beschlagnahmten kuwaitischen Vermögenswerte nicht nachgekommen ist,

unter Hinweis darauf, dass der Rat in seiner Resolution 687 (1991) erklärte, dass eine Waffenruhe davon abhängen werde, dass Irak die Bestimmungen der genannten Resolution und namentlich die Irak darin auferlegten Verpflichtungen akzeptiert,

fest entschlossen, dafür zu sorgen, dass Irak seine Verpflichtungen nach Resolution 687 (1991) und den sonstigen einschlägigen Resolutionen vollständig, sofort und ohne Bedingungen oder Einschränkungen einhält, und unter Hinweis darauf, dass die Resolutionen des Rates den Maßstab für die Einhaltung der Verpflichtungen Iraks bilden,

daran erinnernd, dass es für die Durchführung der Resolution 687 (1991) und der sonstigen einschlägigen Resolutionen unerlässlich ist, dass die UNMOVIC als Nachfolgeorganisation der Sonderkommission und die IAEO ihrer Tätigkeit wirksam nachgehen können,

feststellend, dass das Schreiben des Außenministers Iraks vom 16. September 2002 an den Generalsekretär ein notwendiger erster Schritt dazu ist, Iraks anhaltende Nichtbefolgung der einschlägigen Ratsresolutionen zu korrigieren,

ferner Kenntnis nehmend von dem Schreiben des Exekutivvorsitzenden der UNMOVIC und des Generaldirektors der IAEO vom 8. Oktober 2002 an General Al-Saadi, Mitglied der Regierung Iraks, in dem im Anschluss an ihr Treffen in Wien die praktischen Regelungen festgelegt werden, die eine Voraussetzung für die Wiederaufnahme der Inspektionen in Irak durch die UNMOVIC und die IAEO sind, und mit dem Ausdruck seiner größten Besorgnis darüber, dass die Regierung Iraks die in dem genannten Schreiben festgelegten Regelungen nach wie vor nicht bestätigt hat, *in Bekräftigung* des Bekenntnisses aller Mitgliedstaaten zur Souveränität und territorialen Unversehrtheit Iraks, Kuwaits und der Nachbarstaaten,

mit Lob für den Generalsekretär und für die Mitglieder der Liga der arabischen Staaten und ihren Generalsekretär für ihre diesbezüglichen Bemühungen,

entschlossen, die vollständige Befolgung seiner Beschlüsse sicherzustellen,

tätig werdend nach Kapitel VII der Charta der Vereinten Nationen,

1. *beschließt*, dass Irak seine Verpflichtungen nach den einschlägigen Resolutionen, namentlich der Resolution 687 (1991), erheblich verletzt hat und nach wie vor erheblich verletzt, indem Irak insbesondere nicht mit den Inspektoren der Vereinten Nationen und der Internationalen Atomenergie-Organisation (IAEO) zusammenarbeitet und die nach den Ziffern 8 bis 13 der Resolution 687 (1991) erforderlichen Maßnahmen nicht abschließt;

2. *beschließt*, dabei eingedenk der Ziffer 1, Irak mit dieser Resolution eine letzte Chance einzuräumen, seinen Abrüstungsverpflichtungen nach den einschlägigen Resolutionen des Rates nachzukommen; und beschließt demgemäß, ein verstärktes Inspektionsregime einzurichten, mit dem Ziel, den vollständigen und verifizierten Abschluss des mit Resolution 687 (1991) und späteren Resolutionen des Rates eingerichteten Abrüstungsprozesses herbeizuführen;

3. *beschließt*, dass die Regierung Iraks, um mit der Erfüllung ihrer Abrüstungsverpflichtungen zu beginnen, zusätzlich zur Vorlage der zweimal jährlich erforderlichen Erklärungen der Überwachungs-, Verifikations- und Inspektionskommission der Vereinten Nationen (UNMOVIC), der IAEO und dem Rat spätestens 30 Tage nach Verabschiedung dieser Resolution eine auf dem neuesten Stand befindliche genaue, vollständige und umfassende Erklärung aller Aspekte seiner Programme zur Entwicklung chemischer,

biologischer und nuklearer Waffen, ballistischer Flugkörper und anderer Trägersysteme, wie unbemannter Luftfahrzeuge und für den Einsatz mit Luftfahrzeugen bestimmter Ausbringungssysteme, einschließlich aller Bestände sowie der exakten Standorte derartiger Waffen, Komponenten, Subkomponenten, Bestände von Agenzien sowie dazugehörigen Materials und entsprechender Ausrüstung, der Standorte und der Tätigkeit seiner Forschungs-, Entwicklungs- und Produktionseinrichtungen sowie aller sonstigen chemischen, biologischen und Nuklearprogramme, einschließlich jener, bezüglich derer sie geltend macht, dass sie nicht Zwecken im Zusammenhang mit der Produktion von Waffen oder Material dienen, vorlegen wird;

4. *beschließt,* dass falsche Angaben oder Auslassungen in den von Irak nach dieser Resolution vorgelegten Erklärungen sowie jegliches Versäumnis Iraks, diese Resolution zu befolgen und bei ihrer Durchführung uneingeschränkt zu kooperieren, eine weitere erhebliche Verletzung der Verpflichtungen Iraks darstellen und dem Rat gemeldet werden, damit er nach den Ziffern 11 und 12 eine Bewertung trifft;

5. *beschließt,* dass Irak der UNMOVIC und der IAEO sofortigen, ungehinderten, bedingungslosen und uneingeschränkten Zugang zu ausnahmslos allen, auch unterirdischen, Bereichen, Einrichtungen, Gebäuden, Ausrüstungsgegenständen, Unterlagen und Transportmitteln gewährt, die diese zu inspizieren wünschen, sowie sofortigen, ungehinderten und uneingeschränkten Zugang ohne Anwesenheit Dritter zu allen Amtsträgern und anderen Personen, welche die UNMOVIC oder die IAEO in der von ihr gewählten Art und Weise oder an einem Ort ihrer Wahl auf Grund irgendeines Aspekts ihres jeweiligen Mandats zu befragen wünschen; beschließt ferner, dass die UNMOVIC und die IAEO nach ihrem Ermessen Befragungen innerhalb oder außerhalb Iraks durchführen können, dass sie die Ausreise der Befragten und ihrer Angehörigen aus Irak erleichtern können und dass diese Befragungen nach alleinigem Ermessen der UNMOVIC und der IAEO ohne Beisein von Beobachtern der Regierung Iraks stattfinden können; und weist die UNMOVIC an und ersucht die IAEO, die Inspektionen spätestens 45 Tage nach Verabschiedung dieser Resolution wieder

aufzunehmen und den Rat 60 Tage danach über den neuesten Sachstand zu unterrichten;

6. *macht sich* das Schreiben des Exekutivvorsitzenden der UNMOVIC und des Generaldirektors der IAEO vom 8. Oktober 2002 an General Al-Saadi, Mitglied der Regierung Iraks, zu eigen, das dieser Resolution als Anlage beigefügt ist, und beschließt, dass der Inhalt dieses Schreibens für Irak bindend ist;

7. *beschließt ferner*, in Anbetracht der von Irak lange unterbrochenen Anwesenheit der UNMOVIC und der IAEO und zu dem Zweck, dass sie die in dieser und in allen früheren einschlägigen Resolutionen festgelegten Aufgaben wahrnehmen können, sowie ungeachtet früherer Vereinbarungen die nachstehenden abgeänderten beziehungsweise zusätzlichen Regelungen festzulegen, die für Irak bindend sind, um ihre Arbeit in Irak zu erleichtern:

– die UNMOVIC und die IAEO bestimmen die Zusammensetzung ihrer Inspektionsteams und stellen sicher, dass diese Teams aus den qualifiziertesten und erfahrensten verfügbaren Sachverständigen bestehen;

– das gesamte Personal der UNMOVIC und der IAEO genießt die in dem Übereinkommen über die Vorrechte und Immunitäten der Vereinten Nationen und der Vereinbarung über die Vorrechte und Befreiungen der IAEO für Sachverständige im Auftrag der Vereinten Nationen vorgesehenen Vorrechte und Immunitäten;

– die UNMOVIC und die IAEO haben das uneingeschränkte Ein- und Ausreiserecht in und aus Irak, das Recht auf freie, uneingeschränkte und sofortige Bewegung zu und von den Inspektionsstätten sowie das Recht, alle Stätten und Gebäude zu inspizieren, einschließlich des sofortigen, ungehinderten, bedingungslosen und uneingeschränkten Zugangs zu den Präsidentenanlagen unter den gleichen Bedingungen wie zu den anderen Stätten, ungeachtet der Bestimmungen der Resolution 1154 (1998);

– die UNMOVIC und die IAEO haben das Recht, von Irak die Namen aller Mitarbeiter zu erhalten, die mit den chemischen, biologischen, nuklearen und ballistische Flugkörper betreffenden Programmen Iraks sowie mit den entsprechenden Forschungs-, Entwicklungs- und Produktionseinrichtungen in Verbindung stehen oder in Verbindung standen;

– die Sicherheit der Einrichtungen der UNMOVIC und der IAEO wird durch eine ausreichende Zahl von Sicherheitskräften der Vereinten Nationen gewährleistet;

– die UNMOVIC und die IAEO haben das Recht, zum Zweck der Blockierung einer zu inspizierenden Stätte Ausschlusszonen zu erklären, die auch umliegende Gebiete und Verkehrskorridore umfassen, in denen Irak alle Bewegungen am Boden und in der Luft einstellt, sodass an der zu inspizierenden Stätte nichts verändert und nichts davon entfernt wird;

– die UNMOVIC und die IAEO können Starr- und Drehflügelluftfahrzeuge, einschließlich bemannter und unbemannter Aufklärungsflugzeuge, frei und uneingeschränkt einsetzen und landen;

– die UNMOVIC und die IAEO haben das Recht, nach ihrem alleinigen Ermessen alle verbotenen Waffen, Subsysteme, Komponenten, Unterlagen, Materialien und andere damit zusammenhängende Gegenstände verifizierbar zu entfernen, zu vernichten oder unschädlich zu machen, sowie das Recht, alle Einrichtungen oder Ausrüstungen für deren Produktion zu beschlagnahmen oder zu schließen; und

– die UNMOVIC und die IAEO haben das Recht, Ausrüstung oder Material für Inspektionen frei einzuführen und zu verwenden und jede Ausrüstung, jedes Material und alle Dokumente, die sie bei Inspektionen sichergestellt haben, zu beschlagnahmen und auszuführen, ohne dass Mitarbeiter der UNMOVIC oder der IAEO oder ihr dienstliches oder persönliches Gepäck durchsucht werden;

8. *beschließt ferner*, dass Irak keine feindseligen Handlungen gegen Vertreter oder Personal der Vereinten Nationen oder der IAEO oder irgendeines Mitgliedstaats, der tätig wird, um einer Resolu-

tion des Rates Geltung zu verschaffen, durchführen oder androhen wird;

9. *ersucht* den Generalsekretär, Irak diese Resolution, die für Irak bindend ist, unverzüglich zur Kenntnis zu bringen; verlangt, dass Irak binnen sieben Tagen nach dieser Unterrichtung seine Absicht bestätigt, diese Resolution vollinhaltlich zu befolgen, und verlangt ferner, dass Irak sofort, bedingungslos und aktiv mit der UNMOVIC und der IAEO kooperiert;

10. *ersucht* alle Mitgliedstaaten, die UNMOVIC und die IAEO bei der Erfüllung ihres jeweiligen Mandats rückhaltlos zu unterstützen, so auch indem sie alle Informationen über verbotene Programme oder andere Aspekte ihres Mandats vorlegen, namentlich über die von Irak seit 1998 unternommenen Versuche, verbotene Gegenstände zu erwerben, und indem sie Empfehlungen zu den zu inspizierenden Stätten, den zu befragenden Personen, den Umständen solcher Befragungen und den zu sammelnden Daten abgeben, wobei die UNMOVIC und die IAEO dem Rat über die dabei erzielten Ergebnisse Bericht erstatten werden;

11. *weist* den Exekutivvorsitzenden der UNMOVIC und den Generaldirektor der IAEO an, dem Rat über jede Einmischung Iraks in die Inspektionstätigkeiten und über jedes Versäumnis Iraks, seinen Abrüstungsverpflichtungen, einschließlich seiner Verpflichtungen betreffend Inspektionen, nach dieser Resolution nachzukommen, sofort Bericht zu erstatten;

12. *beschließt*, sofort nach Eingang eines Berichts nach den Ziffern 4 oder 11 zusammenzutreten, um über die Situation und die Notwendigkeit der vollinhaltlichen Befolgung aller einschlägigen Ratsresolutionen zu beraten, um den Weltfrieden und die internationale Sicherheit zu sichern;

13. erinnert in diesem Zusammenhang daran, dass der Rat Irak wiederholt vor ernsthaften Konsequenzen gewarnt hat, wenn Irak weiter gegen seine Verpflichtungen verstößt;

14. *beschließt*, mit der Angelegenheit befasst zu bleiben.

Anlage

Überwachungs-, Verifikations- und Inspektionskommission, Der Exekutivvorsitzende

Internationale Atomenergie-Organisation, Der Generaldirektor

S.E. General Amir H. Al-Saadi
Berater Kabinett des Präsidenten
Bagdad
Irak

8. Oktober 2002

Sehr geehrter General Al-Saadi,

während unseres jüngsten Treffens in Wien erörterten wir die praktischen Regelungen, die die Voraussetzung für die Wiederaufnahme der Inspektionen in Irak durch die UNMOVIC und die IAEO sind. Wie Sie sich erinnern, einigten wir uns am Ende unseres Treffens in Wien auf eine Erklärung, in der einige der wichtigsten erzielten Ergebnisse aufgeführt wurden, insbesondere die Akzeptierung aller Inspektionsrechte, die in allen einschlägigen Resolutionen des Sicherheitsrats vorgesehen sind, seitens Iraks. Es wurde erklärt, dass diese Akzeptierung mit keinerlei Bedingungen verknüpft ist.

Während unserer Unterrichtung des Sicherheitsrats am 3. Oktober 2002 schlugen uns Mitglieder des Rates vor, ein schriftliches Dokument über alle in Wien erzielten Gesprächsergebnisse zu erstellen. Diese Ergebnisse sind in dem vorliegenden Schreiben aufgeführt; Sie werden hiermit ersucht, sie zu bestätigen. Wir werden dem Sicherheitsrat entsprechend Bericht erstatten.

In der Erklärung am Ende unseres Treffens wurde klargestellt, dass der UNMOVIC und der IAEO sofortiger, bedingungsloser und uneingeschränkter Zugang zu den Inspektionsstätten gewährt werden wird, einschließlich zu solchen, die in der Vergangenheit als »sicherheitsempfindlich« bezeichnet wurden. Wie wir jedoch feststellten, unterliegen acht Präsidentenanlagen auf Grund einer Vereinbarung von 1998 besonderen Verfahren. Falls diese Anlagen, wie alle anderen Stätten, dem sofortigen, bedingungslosen und uneingeschränkten Zugang unterliegen sollten, würden die UNMOVIC und die IAEO ihre dortigen Inspektionen mit derselben Professionalität durchführen.

Wir bestätigen unsere Übereinkunft, dass die UNMOVIC und die IAEO das Recht haben, die Anzahl der Inspektoren festzulegen, die für den Zugang zu einer bestimmten Stätte erforderlich sind. Diese Festlegung wird auf der Grundlage der Größe und der Komplexität der inspizierten Stätte erfolgen. Wir bestätigen außerdem, dass Irak über die Bezeichnung zusätzlicher Inspektionsstätten, d. h. Stätten, die von Irak nicht gemeldet oder nicht bereits von der UNSCOM oder der IAEO inspiziert wurden, mittels einer Inspektions-Notifikation unterrichtet wird, die bei der Ankunft der Inspektoren an den betreffenden Stätten vorgelegt wird.

Irak wird sicherstellen, dass verbotene Materialien, Ausrüstung, Unterlagen oder sonstige in Betracht kommende Gegenstände nur im Beisein und auf Ersuchen von Inspektoren der UNMOVIC beziehungsweise der IAEO vernichtet werden.

Die UNMOVIC und die IAEO können jede Person in Irak befragen, von der sie glauben, dass sie möglicherweise über Informationen verfügt, die ihr Mandat betreffen. Irak wird derartige Befragungen erleichtern. Die UNMOVIC und die IAEO bestimmen, auf welche Weise und an welchem Ort die Befragungen durchgeführt werden.

Das Nationale Überwachungsdirektorat wird wie in der Vergangenheit als irakischer Ansprechpartner für die Inspektoren fungieren. Das Bagdader Zentrum für die laufende Überwachung und Verifikation (BOMVIC) wird in denselben Räumlichkeiten und unter denselben Bedingungen tätig sein wie das ehemalige Bagdader Überwachungs- und Verifikationszentrum.

Das Nationale Überwachungsdirektorat wird wie zuvor unentgeltliche Dienste für die Adaptation der Räumlichkeiten bereitstellen. Das Nationale Überwachungsdirektorat wird folgende unentgeltliche Dienste bereitstellen: a) Begleiter zur Erleichterung des Zugangs zu den Inspektionsstätten und zur Verständigung mit dem zu befragenden Personal, b) eine direkte Kommunikationsverbindung für das Bagdader Zentrum für die laufende Überwachung und Verifikation, die täglich rund um die Uhr mit einer Englisch sprechenden Person besetzt ist, c) auf Ersuchen personelle Unterstützung und Bodentransporte innerhalb des Landes und d) auf Ersuchen der Inspektoren Hilfe beim Transport von Material und Gerät (für Bau- und Erdarbeiten usw.). Das Nationale Überwachungsdirektorat wird außerdem sicherstellen, dass Begleiter zur Verfügung stehen, falls Inspektionen außerhalb der normalen Arbeitszeiten, einschließlich nachts und an Feiertagen, durchgeführt werden.

Für die Inspektoren können regionale UNMOVIC/IAEO-Büros eingerichtet werden, beispielsweise in Basra und Mosul. Zu diesem Zweck wird Irak unentgeltlich geeignete Bürogebäude, Unterkunft für das Personal sowie geeignetes Begleitpersonal zur Verfügung stellen.

Die UNMOVIC und die IAEO können jedes Mittel der Sprach- oder Datenübertragung verwenden, einschließlich Satelliten und/oder Inlandsnetze, mit oder ohne Verschlüsselungskapazität. Die UNMOVIC und die IAEO können außerdem vor Ort Geräte für die direkte Übermittlung von Daten an das Bagdader Zentrum für die laufende Überwachung und Verifikation, nach New York und Wien installieren (z. B. Sensoren und Überwachungskameras). Irak wird diese Arbeiten erleichtern und jede Störung der Nachrichtenübermittlungen der UNMOVIC und der IAEO unterlassen.

Auf Ersuchen der UNMOVIC und der IAEO wird Irak unentgeltlich den physischen Schutz der gesamten Überwachungsausrüstung gewährleisten und Antennen für die Fernübertragung von Daten bauen. Auf Ersuchen der UNMOVIC, über das Nationale Überwachungsdirektorat, wird Irak Frequenzen für Kommunikationsausrüstung zuteilen.

Irak wird für die Sicherheit aller Mitarbeiter der UNMOVIC und der IAEO sorgen. Irak wird für dieses Personal sichere und geeignete Unterkünfte zu normalen Sätzen benennen. Die UNMOVIC und die IAEO werden ihrerseits verlangen, dass ihre Mitarbeiter in keinen anderen Unterkünften wohnen als denen, die im Benehmen mit Irak ausgewählt wurden.

Im Hinblick auf die Verwendung von Starrflügelluftfahrzeugen für den Transport von Personal und Ausrüstung und für Inspektionszwecke wurde klargestellt, dass von Mitarbeitern der UNMOVIC und der IAEO benutzte Luftfahrzeuge bei der Ankunft in Bagdad auf dem internationalen Flughafen Saddam landen können. Die Ausgangsorte ankommender Luftfahrzeuge werden von der UNMOVIC bestimmt. Der Luftwaffenstützpunkt Rasheed wird auch weiterhin für Hubschraubereinsätze der UNMOVIC und der IAEO verwendet. Die UNMOVIC und Irak werden an dem Luftwaffenstützpunkt Luftverbindungsbüros einrichten. Irak wird sowohl am internationalen Flughafen Saddam als auch am Luftwaffenstützpunkt Rasheed die notwendigen Räumlichkeiten und Einrichtungen zur Unterstützung bereitstellen. Flugzeugtreibstoff wird wie zuvor unentgeltlich von Irak bereitgestellt.

Was die umfassendere Frage der Flüge innerhalb Iraks betrifft, sowohl mit Starr- als auch mit Drehflügelluftfahrzeugen, so wird Irak die Sicherheit der Flüge in seinem Luftraum außerhalb der Flugverbotszonen gewährleisten. Im Hinblick auf Flüge in den Flugverbotszonen wird Irak alle in seinem Einflussbereich liegenden Maßnahmen ergreifen, um die Sicherheit dieser Flüge zu gewährleisten.

Hubschrauber können nach Bedarf während Inspektionen und für technische Aktivitäten, wie beispielsweise die Gammastrahlen-Detektion, ohne Einschränkung in allen Teilen Iraks und ohne Ausschluss irgendeines Gebiets eingesetzt werden. Sie können außerdem für medizinische Evakuierungen eingesetzt werden.

Was die Frage der Luftbildaufnahmen betrifft, wird die UNMOVIC möglicherweise die U-2- oder Mirage-Überflüge wieder aufnehmen wollen. Die entsprechenden praktischen Regelungen würden mit denen vergleichbar sein, die in der Vergangenheit angewandt wurden.

Wie zuvor werden für alle in Irak eintreffenden Mitarbeiter am Einreisepunkt auf der Grundlage des Passierscheins oder Zertifikats der Vereinten Nationen Visa ausgestellt; weitere Einreise- oder Ausreiseformalitäten werden nicht erforderlich sein. Die Passagierliste wird eine Stunde vor der Ankunft des Flugzeugs in Bagdad vorgelegt. Personal der UNMOVIC oder der IAEO sowie dienstliches oder persönliches Gepäck werden nicht durchsucht werden. Die UNMOVIC und die IAEO werden sicherstellen, dass ihr Personal die Rechtsvorschriften Iraks achtet, die die Ausfuhr bestimmter Gegenstände einschränken, beispielsweise derjenigen, die mit dem nationalen Kulturerbe Iraks zusammenhängen. Die UNMOVIC und die IAEO können alle Gegenstände und Materialien, die sie benötigen, einschließlich Satellitentelefone und sonstige Ausrüstung, in Irak einführen und wieder ausführen. Was Proben betrifft, so werden die UNMOVIC und die IAEO, soweit durchführbar, diese aufteilen, sodass Irak einen Teil davon erhält, während ein anderer Teil für Referenzzwecke verwahrt wird. Bei Bedarf werden die Organisationen die Proben an mehr als ein Labor zur Analyse senden.

Wir wären Ihnen dankbar, wenn Sie bestätigen könnten, dass das Vorstehende den Inhalt unserer Gespräche in Wien korrekt wiedergibt.

Selbstredend werden wir möglicherweise weitere praktische Regelungen benötigen, wenn wir mit den Inspektionen voranschreiten. Wir erwarten dabei, ebenso wie bei den vorstehenden Angelegenheiten, dass Irak in jeder Hinsicht kooperieren wird.

Mit ausgezeichneter Hochachtung

(gezeichnet)
Hans Blix
Exekutivvorsitzender
Überwachungs-, Verifikations- und Inspektionskommission der Vereinten Nationen

(gezeichnet)
Mohamed El-Baradei
Generaldirektor
Internationale Atomenergie-Organisation